武侯家长学校 系列丛书

以爱润家

家长用得上的23堂课

武侯家长学堂　编

西南财经大学出版社

中国·成都

图书在版编目(CIP)数据

以爱润家:家长用得上的23堂课/武侯家长学堂编.—成都:西南财经
大学出版社,2023.12
ISBN 978-7-5504-5149-0

Ⅰ.①以… Ⅱ.①武… Ⅲ.①家庭教育 Ⅳ.①G78

中国国家版本馆CIP数据核字(2023)第193885号

以爱润家:家长用得上的23堂课

YI AI RUN JIA:JIAZHANG YONGDESHANG DE 23 TANG KE

武侯家长学堂 编

策划编辑:何春梅 李思嘉
责任编辑:李思嘉
特约编辑:姚 华
责任校对:李 琼
封面设计:吴庆强
责任印制:朱曼丽

出版发行	西南财经大学出版社(四川省成都市光华村街55号)
网 址	http://cbs.swufe.edu.cn
电子邮件	bookcj@swufe.edu.cn
邮政编码	610074
电 话	028-87353785
照 排	四川胜翔数码印务设计有限公司
印 刷	四川五洲彩印有限责任公司
成品尺寸	170mm×240mm
印 张	15.25
字 数	242千字
版 次	2023年12月第1版
印 次	2023年12月第1次印刷
书 号	ISBN 978-7-5504-5149-0
定 价	68.00元

编委会

序
家庭教育是人生的起始教育和奠基教育

为什么要十分重视家庭教育？因为家庭教育是人生的奠基教育。正如习近平总书记所说的："家庭是人生的第一所学校，家长是孩子的第一任老师。"人生的起始教育在家庭。学校教育，迟至 6 岁或 7 岁才介入孩子的人生。因此家庭教育不仅是起始教育，而且在人生 0~6 岁的关键期是"唯一教育"。先入为主，家庭教育不可替代地成为人生的奠基教育。

中国民间智慧认为"三岁看大，七岁看老"。"三岁""七岁"形成的什么可以影响甚至决定人的一生的基本走向？是儿童在家庭中养成的习惯、性格和情绪！家庭被人称为"创造人类性格的工厂"！西方智慧认为：习惯决定性格，性格决定命运。东西方的智慧所见略同：人生的起跑线，主要是在家庭习得的良好习惯、性格和情绪。性格的形成，始于家庭。一旦错过，很难弥补。

为什么政府要主导家庭教育？因为家庭教育既是家事，又是国事。它关系家庭幸福，更关系国家命运。德国教育家福禄贝尔指出："国家的命运与其说是操在掌权者手中，倒不如说是掌握在母亲手中。"所谓国家的命运掌握在母亲手中，即取决于家庭教育。家庭教育在中小学学生成长中具有奠基性、深刻性和长远性。未来一代的素质如何，是最大的国家安全问题。因此，国家将家庭教育纳入公共管理领域，主张"为国教子"。指导家庭教育，管理家庭教育工作，成为国家教育政策不可或缺的重要内容。

1996 年，全国妇联、原国家教委颁布了第一个全国家庭教育工作五年计划，标志着政府出面承担起主导家庭教育工作的职责。这是家庭教育发展的重要历史节点，家庭教育由民间主导转变为由政府主导。"家事"成为"国家事权"，家庭教育工作逐步走上由政府主导和管理的发展轨道。至今，我国已颁布六个"家庭教育的五年规划"。它们是各五年规划期间家庭教育工作的宏伟蓝图，是国家指导家庭教育工作的顶层设计和重要方式，各部门认真贯彻，履职尽责。

2021 年 10 月 23 日，《中华人民共和国家庭教育促进法》（以下简称《家庭教育促进法》）正式颁布。这是国家法治生活中一件大事。家庭教育立法的主要意义是"家事"上升为"国法"，或者说，"国事"成为"国法"。2022 年两会期间，最高人民法院工作报告明确：父母要"依法带娃"。这开启了"依法家教"的新阶段。

2015 年 10 月，教育部印发《关于加强家庭教育工作的指导意见》，它的意义是，面向教育系统内部明确"加强家庭教育工作是基础教育的职责之一"。家庭教育工作被正式列入教育系统工作序列。2023 年 1 月，教育部等十三部门发布《关于健全学校家庭社会协同育人机制的意见》，它的意义是，面向教育系统外部表明"教育部肩负起家庭教育工作的牵头单位的职责"。

家庭教育最重要的是什么？2016 年 12 月，习近平总书记在会见第一届全国文明家庭代表时指出，"家庭教育最重要的是品德教育，是如何做人的教育"。家庭教育最重要的是品德教育、做人教育，这是家庭教育的重大政策。

《家庭教育促进法》首次以法律形式明确："家庭教育以立德树人为根本任务。"立德树人的重点在于"立"政治之德。政治之德，即子女的政治观念和政治信仰，即通常所说的"理想信念"。没有政治之德，则没有树人之义。因此"立德树人"与培养中国特色社会主义的建设者和接班人，都被阐述为"教育的根本任务"。

家长学校是开展家庭教育的主阵地和主渠道。2011 年，全国妇联、教育部、中央文明办明确：家长学校是指导推进家庭教育的主阵地和主渠道。笔者认为，家长学校还是家校合作的最初形式和主要形式。中小学家庭教育工作的重点是办好家长学校。

家庭教育要从自发走向自觉，一要政府指导，二要各方协同，三要家长学习。认识上需要澄清的是，家庭教育的实施主体、责任主体，不是学校，不是教师，而是家长。"明确责任主体"应当成为指导家庭教育工作的一个重点，家长不仅要学习家庭教育知识，更要认清自己的主体责任和着力提高自身的人文素质。

当前，家庭教育发展面临新的机遇。2021 年 3 月，《习近平关于注重家庭家教家风建设论述摘编》一书出版发行。习近平总书记关于新时代家庭家教家风的一系列新理念、新要求，是我们开展新时代家庭教育工作的根本遵循。

遵照习近平总书记的指示，教育部门支持服务家庭教育要勇于担责、主动作为。学校要担负主体责任，与家庭、社会密切合作，共同为培养德智体美劳全面发展的社会主义建设者和接班人做出新贡献。

当前，家庭、学校、社会协同育人，已成为一种新的教育理念。教育研究发现，影响孩子成绩的主要因素不是学校，而是家庭。孩子所接受的家庭教育一直在影响孩子的学校生活，家庭教育是学校教育永远的背景和永远的底色。武侯区家长学校将家长学堂的精华内容集结出版，适逢其时，为广大家长提供了家庭教育可学、可用的新理念、新策略、新办法，同向发力促进青少年健康成长，值得点赞和推荐。

傅国亮[1]

2023 年 10 月

---

[1]　笔者系教育部关心下一代工作委员会常务副主任、中国家庭教育学会原副会长。

前言

高度重视家庭教育，是中华民族的悠久文化传统，历史上，或正或反，留下了无数家庭教育的经典案例。养不教父之过，更是一代代中国家庭人尽皆知的养育警戒。在全人类的文明史上，家庭教育成为文化亮点。可以说，在一定程度上，正是这一优秀传统，保障了我们5 000多年灿烂文明的传续。

即使在现代，学校教育和社会教育得以高度发展，家庭教育仍然是教育体系中最重要、最核心的环节。家庭是人生的第一课堂，父母是孩子的第一任教师。无论是语言文字学习、心理思想态度，还是行为举止习惯的养成，孩子都受到父母家庭的全方位熏陶和感染。家庭对儿女成长，依然具有决定性的影响。家庭教育，在整个教育体系链条中，是基础中的基础，关键中的关键。

事实上，家庭教育超越了家庭一家一户的私事，与社会进步相通，与国家命运相连。2022年1月1日开始正式实施的《中华人民共和国家庭教育促进法》是我国首次就家庭教育进行专门立法。这标志着，传统以来的"家事"，已经上升到攸关民族未来国家命运的"国事"高度。

然而，我们却又不得不遗憾地承认，在现代社会环境下，现实中的一些家庭教育，却往往呈现出落后于时代进步的尴尬境况，作为家庭教育主体的父母长辈，往往是自然地就为人父母，面对家庭教育的重要职责，却缺乏成为合格教育者最基本的培训和学习。

现代的学校教育与社会教育，不乏法律的规范、科学的指导、技术的加持，而家庭教育，却偏偏没有门槛要求，往往缺乏科学指导、忽视科技运用。一些家庭教育仍然停留在传统原始状态。教育内容上的片面、教育方式上的无效，教育能力的局限，教育认知的浅薄，成为一些现代社会家庭教育令人遗憾的问题。

如何实现家庭教育的与时俱进，促成家长与孩子的共同成长，发挥出家庭在孩子成长中本应具有的核心作用，补齐这一块最关键的短板，成为现代教育亟须面对的迫切课题。

清醒意识到现代家庭教育尴尬现实的武侯教育人，直面这一社会难题，多方思考背后的种种原因，积极探索相关的解决之道。忧而思之，起而行之。

成都市武侯区（以下简称"武侯"）出台了《关于全面推动武侯区家长学校建设的实施方案》，以区委、区政府为牵头主导，布局规划学校、家庭、社会联动配合的家庭教育新格局，着手教育基础载体建设，服务家长群体知识更新与素质提升。在积极运筹与充分准备下，武侯整合各方优质资源，统筹多种教育力量，于2022年1月创新成立"武侯区家长学校"。

武侯不吝家长学校的硬件投入与组织建设，将武侯区家长学校设立于武侯区图书馆、文化馆。为强力推动支持工作展开，由区委分管领导亲自兼任校长，区级相关部门负责同志兼任执行校长、副校长。武侯区家长学校针对性设立教学部、研究部、综合部三个部门；在全区教育系统招选优秀校级干部担任校长助理，领衔学校日常运营；同时，面向区内学校，招选各有所长的优秀工作人员组成工作专班。武侯区家长学校以精干而高效的专业团队驱动有序运作。

在武侯的构画中，家长学校的平台，聚焦家长知识与理念的自我提升、促成家庭成员的共同成长；通过弘扬家国情怀、交流方法理念、培训家长教育素养，促进各方协同，实现现代家庭教育的科学化。

武侯区家长学校的主体对象，从传统的学生，转而向学生的家长聚焦。

武侯区家长学校围绕家国情怀、公秩良序、用心事业、危机应对、家庭责任等主题，以深度探讨、专业交流，拓宽家长的格局视野、提升思想境界；致力于帮助家长学习先进的家教经验、掌握正确的家教方法、形成科学的教育理念，着力克服"唯分数论"等教育焦虑，共同面对孩子"成长的烦恼"。家长通过自身教育能力的提升，实现家庭教育品质的优化提升，进而促成孩子的成长成才。

武侯区家长学校的课堂形式，创新多样，全时空覆盖。移动式专题讲座、探讨式主题沙龙、对话式微型课堂、诫子有方家风教室等家庭教育品牌活动陆续推出。武侯区家长学校利用文化馆、科技馆、青少年中心、党群中心等资源，每周开展丰富多彩的亲子活动，让家长们分享在家庭教育中的心得体会、实践经验，针对子女教育中迈不过的坎、解不开的结，让大家一起来探讨原因，寻求解决方法，并邀请专家答疑解惑，帮助家长提升进步。武侯区家长学校通过吸引家长广泛参与，为广大家长群体提供一个常态化的家庭教育学习实体平台。

除现场活动之外，考虑到家长群体工作繁忙、时间不便，现场学习难以全覆盖，武侯区家长学校开通了网络直播课程，方便家长远程听课；同时，每一期课程，还全程录播并上传教育平台，汇同更多优质精良的教学资源，突破时空限制、走进千家万户、惠及更多家庭成员。

武侯区家长学校的课程内容设计，直指30余万名武侯家长最关切最牵心的问题。为了提供武给侯家长最需要的课程内容，武侯一年两次固定时间问需于家长，专门举行了面向全区家长的大型调查，并形成深度分析报告，深入把握区域家长的组成结构、家庭情况以及对家庭教育的需求。在此基础上，武侯归纳整理出家长在"学习习惯""沟通交流""生活观念""性格心态""家庭关系""人际交往"六个方面提出的众多问题，汇总形成"家长100问"。

武侯从家长关切出发，锚定家国情怀、公秩良序、用心事业、危机应对、家庭责任五大主题方向，紧紧围绕"武侯家长需要什么"进行课程建设；设计建立学前、小学及中学各学段丰富多样的课程体系，初期即推出五大类共25门课程，涵盖优秀传统文化、心理健康、家校共育等内容，同时，精心筛选、广泛链接线上优质教育资源，满足不同家长不同角度的学习提升需求。

付出自有回报。2022年1月开学伊始，武侯区家长学校即受到广泛关注，前40期讲座，通过微信、QQ群、钉钉群点击阅读的人次超过400万，点赞高达6万余人次，高质量留言和学习心得分享1万余条。随着课程的进展，大量家长不断给予正向反馈：在这里得到了家庭教育难题的专业解答和系统培训，真正实现了与儿女共成长。

武侯区家长学校课程的良好社会效应，得到了意料之外的多方认同与传播：区域内，武侯发布、武侯姐妹、文明武侯、武侯文体局、武侯共青团、武侯青少年宫等区级传播平台，对课程内容定期转发联动；区域外，人民号、澎湃新闻、搜狐网、腾讯网、邛崃市教育局等权威媒体及官方平台，也对讲座内容给予关注转发，学校的社会影响力，随课程进展不断持续扩大。

课程进展到40期后，相关社会影响已经达到相当高的程度。来自家长群体的大量反馈，提出了新的要求：希望能把课程的内容精华整理成文字版，以满足更多家长的学习习惯，更适应于多途径传播，更方便家长群体的学习提升。

为此，武侯区家长学校顺应社会呼声，从更多家长的学习习惯出发，按照年度将课程的精华内容，加以提取归纳，辅之以通俗化的语言表达，形成文字精华版本，以充分释放课程的效益潜力，满足家长多形式的学习需求，提高家长学习效率。

从时间历程来讲，武侯区家长学校的运作，毕竟为时尚短，仅仅是短期内的探索，取得的进展与收获在武侯教育视野里也仅仅是前期的、初步的。千里长行，只仅一步；长路尚远，力行必达。未来，武侯将继续聚焦家长关切，充分利用现代技术手段，不断丰富课程内容与形式，把家庭教育提炼为一门科学，打磨为一门艺术，不懈推进完善，致力塑造学校、家庭、社会配合一体、协同培英育人的家庭教育新格局。

编者

2023 年 8 月

目录

第一讲

亲子关系与健康：自尊

■**主讲人**

张伟，四川大学党委副书记，四川大学华西医院精神病与精神卫生学教授。

■**金句精华**

1. 自尊很重要，有自尊才会有自信。

2. 一个人要充分发挥自己积极的一面，克服消极的一面。

3. 保护孩子一生的铠甲，就是父母的宽恕、认可和赞赏。

■演讲内容

在人际关系中的亲子关系与健康这一宏大的内容中，我只讲其中自尊这个点。

一、儿童青少年心理健康的国际标准

世界卫生组织关于儿童青少年心理健康的标准有七点：第一是智力正常，只要智力在正常范围之内就可以了。第二是善于协调和控制情绪。第三是具有较强的意志和品质。第四是人际关系和谐。第五是具有能动地适应并改善现实环境的能力，首先强调的是适应，其次才是改变环境。第六是要保持人格的完整和健康。第七是心理行为要符合年龄特征，也就是说，人年龄很小却很老成不行；或者人年龄很大，却表现幼稚也不行，家长如果到现在心理还不成熟，那就是不符合家长的年龄特征。

二、我国儿童青少年情绪和特质发展的现状

我国儿童青少年情绪和特质发展的现状是家长很关心的话题，值得家长乃至全社会一起来反思。

（一）心理健康问题现状

根据 2021 年国际上公布的心理健康问题出现的高发年龄数据，儿童行为问题一般在 10 岁左右，焦虑障碍在十二三岁就达到高峰了，物质依赖在十八九岁，而情境障碍，也就是情绪方面的问题，一般在 25 岁左右。这是不同年龄段的不同疾病的中位数年龄。

《中国国民心理健康报告（2019—2020 年）》中提到：中国抑郁障碍终生患病率是 6.82%，年抑郁检出率是 24.6%，重度抑郁检出率是 7.4%，轻度抑郁检出率是 17.2%，高出 2009 年 0.4 个百分点。抑郁情绪和焦虑情绪会带来什么结果？一是身心健康不佳，学习不好，教育程度会偏低，会增加失业、药物滥用以及犯罪行为的风险。二是影响人际关系，在 48 个国家的统计报告

中，12~15 岁的青少年欺凌受害的总发生率是 30%。

（二）睡眠与运动

许多人不知道，学习是与孩子的睡眠和运动相关联的。从 15 岁孩子现在的睡眠情况和运动情况，可以预测出他 17 岁时焦虑和抑郁的情况，彼时睡眠不好、运动不好的人发病率会增加。此外，习惯久坐不动的青少年患抑郁症的风险有多高呢？在 12 岁、14 岁和 16 岁，孩子每天增加一个小时的睡眠时间和轻度体育活动，到了 18 岁的时候去观察，会发现他们得抑郁的概率比其他小孩要少 9%、8%、11%。

睡眠非常关键，睡眠不好，小孩的记忆力也会不好，因为我们白天学的大量知识需要在睡眠中重新去整理，睡眠不是简单的睡着了，大脑依然还在工作。人的大脑分为快眼动睡眠期和慢眼动睡眠期，慢眼动睡眠就是眼睛不怎么动，睡眠期主要是对传统机械性行为进行记忆；快眼动睡眠，也就是做梦阶段，是对平时知识传承进行记忆，这些是脑科学研究的结果。我们睡眠的前半段以慢眼动睡眠期为主，后半段以快眼动睡眠期为主。如果要压缩孩子睡眠时间，孩子的睡眠周期就不完整。

许多家长忙于督促小孩去刷题，而刷题所建立的是一种快速的反应，即肌肉记忆。刷题跟练习运动是一样的，练习乒乓球就是机械动作变成机械记忆，让它不经过大脑，直接就可以反应。这种练习对孩子的成长是没有好处的。真正的思考能力是经过视觉反应，再经过丘脑，随后进入到额叶建立的，这时候才能够真正促进知识面的扩张。这不能依靠机械性刷题完成，所以，只多刷题的人大多成绩不好。

（三）父母冲突与儿童青少年心理问题呈正相关

部分家庭中，夫妻冷战，家庭名存实亡，孩子在家里非常恐惧，天天在担忧父母什么时候会发作，家庭传递出冰冷的感觉，家中没有温暖。

父母冲突与青少年的自我概念呈负相关。自我概念就是自己对自身的认识和评价，以及自己对自身的调控能力。孩子如果没有这种能力，是要出问题的。父母的冲突往往会让小孩的人格发展出问题，影响其后面的发展。在这一时期，自我概念是儿童出现问题的核心原因，因此我们强调家庭亲子关系的建立与儿童青少年的健康。

三、家庭中的亲子关系

(一) 形成孩子完整的自我概念

自我是人格的核心，而自我概念的形成是出生后在社会化过程中后天形成的。完整的自我概念可以被简单地分为两类：第一类是非学业的自我概念，第二类是学业的自我概念。

非学业的自我概念包括身体健康、社会关系、情绪状态等。这些非学业的自我概念会反过来影响学业，双方是相互作用的。学业的自我概念，包括语文、数学、物理、化学、体育等，但是每个孩子有擅长或不擅长的领域。比如我自己的孩子，小学一年级时跳绳不行，不如别的孩子，运动协调发育落后于其他小孩6~12个月，但他的语言发育优于其他小孩。于是我鼓励安慰他不要着急，到了一定的时间，自己就会突破。现在，他成了学校跳绳队的队员，技艺非常好，参加过区级、市级的比赛。

作为家长，我们希望孩子发展音乐方面的技能，结果他没有选择音乐而选择了画画，因为他觉得画画可以发挥自己的畅想，而音乐是机械的训练，他喜欢欣赏音乐，而不喜欢去玩乐器。这虽然不是家长的意愿，但我们还是尊重他的选择。我们不能把家长的意愿、梦想转嫁给孩子来承担。很多家长在自己的成长过程中留下了不少遗憾和缺失，这样的遗憾尽量不要让孩子来承担。

青少年儿童的心理健康的影响因素很简单，就只有两个：第一个是他个体基因所遗传下来的，以及他所训练养成的一些生活特性。第二个就是家庭，家是儿童出生后成长社会化的第一环境。其他的环境因素包括社区、文化团队、学校、周围的环境，以及社会的政治文化环境等。

(二) 对于孩子的自尊发展，家长需要关注什么？

家长要关注的是孩子在自我成长过程中，他一定会同周围人去比较。在平时生活中，家长会倾向于与比自己弱的人去做比较，认为自己比他人强，孩子也是这样的，通过对比比自己稍弱的人，来提升自己的自信和自尊。孩子通过同学之间的比较，建立自己的自尊。自尊很重要，有自尊才会有自信，有自信才能把事情做好，我们需要去建立这种自尊。

这就涉及选校问题。家长在给孩子挑选学校的时候需要思考：你是在满足自己的需求，还是在满足孩子的需求？有学生转到好学校后，适应不了，这是因为在原来学校，他的学习是相对比较好的，到新学校后，参照体系不一样，原本优秀的学生似乎变差了。但实际上，他的成绩跟原来学校的学生比还是优秀的，只是在新环境里他已经不算是优秀的了，这影响到了他的自我评价。家长在择校的时候须考虑学生的实际情况和意愿。

（三）自尊的定义

自尊是个体在整体上或者是特定的方面，对自我的积极或消极的评价。积极的自尊，认为自己能做好一切事情；消极的自尊，觉得自己大多数事情都做不好。一个人需要真实地认识自己，每个人都既有积极面，也有消极面，也都既学会充分发挥自己积极的一面，克服消极的一面，这才是一个真实的人，有长处，也有短处。

（四）低自尊和高自尊的差异

低自尊的人对事情的结果、成绩的预期是比较低的，预期比较低，他就会感到很焦虑；一旦处于焦虑，他的努力就会减弱，就没那么多时间去努力了；总是顾虑不利因素，忧虑后果与问题，其后的实际结果很有可能是失败的。而一个高自尊的人，对自己的成绩有比较高的预期，他的焦虑情绪很低，知道自己哪方面不足，他就会努力去补齐自己的不足，实际结果显示，他更容易成功。这也是我们要维护孩子自尊的原因。

这里有个简单的例子。有位家长认为自己的小孩能力很差，希望孩子会的事，孩子很多都不会，因此，他不惜辞掉工作去幼儿园做保姆。结果他发现，他的孩子在幼儿园会自己穿衣服、自己吃饭，还会照顾其他同学。但孩子在家里，却似乎吃饭、穿衣都需要父母照顾，孩子在家里和在学校里的表现，完全不一样。出现这种情况，就是家长评判孩子能力的标准出了问题。很明显，这位家长没给自己孩子足够的时间和空间，放手让孩子去自主。

孩子出现的问题往往是我们家庭教育所带来的影响。家长要学会让小孩尽量自主，把孩子和家长适度剥离开。

（五）家庭的四种类型

父母对孩子有要求还是没有要求？父母对孩子的回应是高回应还是低回应？从这四个维度来看，家庭就有权威型家庭、放任型家庭、专制型家庭和忽视型家庭四种类型。

权威型家庭的家长意识非常坚定，制定的规则清晰，反馈一致，倾向于严格要求，他们教育孩子的时候有鼓励，也有解释道理；实施惩罚的时候也非常清晰明确。放任型的家庭中，家长不严格，没有一致的反馈，很少去限制孩子，放任自流。专制型的家庭，就是控制严格，惩罚冷漠，家长说的话，一就是一，二就是二，家长说的话就是铁律，孩子无法表达反对意见。忽视型家庭的家长表现为漠不关心，有很多拒绝孩子的行为，跟孩子的感情比较疏远，他们往往相信让孩子吃饱穿暖就可以了，其他的都放任不管，这种忽视感，对孩子的伤害是非常大的。

这四种家庭的孩子，会有什么不同表现呢？权威型家庭的孩子，往往表现为独立友善，自主与合作；放任型家庭的孩子，往往倾向于依赖他人、喜怒无常、自控力差；专制型家庭的孩子，特别依赖父母，男孩还容易表现出敌意；疏忽型家庭的孩子，往往感到不被关注，从而认知发展受到阻碍。其中，专制型家庭是非常有意思的，家长投入了大量的爱，但孩子却体会不到。在这种家庭，孩子基本上可以不动脑子，该操心的事情都由长辈代替操心，他的大小事情都由长辈决定。这种孩子一旦遇到事情，他的第一反应就是"问我爸妈"。

有个向我咨询的初中学生，已经休学一年多了。休学后他除了玩电脑，任何事都不关心也不知道。调整半年后，他开始做些家务，但依然拒绝跟奶奶交流。他奶奶是一位退休的校长，性格强势，习惯于掌控。他私下表示，奶奶对他的爱，让他难受！这样的专制型家长需要知晓，你在为孩子做主的时候，孩子的大脑思考能力就不能发育进步，你需要做的是给孩子空间。你可以制订家庭教育的相关制度与原则，规定哪些可做，哪些不可做，但需要给予孩子边界以内的自由。

（六）父母的教养与不良的自我感觉的形成

我们从以下五个方面展开：

第一是吵闹。有些小孩特别吵闹，很多家长认为吵闹就是品德有问题，其实，这与品德关系不大，不过是小孩在成长过程中，能量充沛精力足，消耗不完。昨天我去看一个朋友，在聊天的时候，他的心思始终聚焦在孩子身上。孩子在旁边吵闹，他就不断制止，这样不行那样不能，不准唱不准跳。我劝慰他，4岁小孩吵闹是正常的，孩子即使发烧到39度，可能仍然在吵、在闹。

第二是孩子在街上玩滑板的行为。一些家长认为，只有不良少年才在街上玩滑板。家长这样的认知就混淆了行为和实质的差别，孩子玩滑板，我们该叮嘱他：在街上一定要注意速度和安全，要保护好自己和他人，选择安全的环境。

第三是批评的方式。很多家长批评孩子时，习惯于对孩子说"你总是""你能不添乱吗"。其实，没有必要强调"你总是"，瞄准这一次的问题就可以了。把过去的表现与这一次联系在一起，把过去和今天一起捆绑，就表明是家长自己思路乱了。此外，家长习惯指责"能不添乱吗"也是不妥的，其实孩子大多时候并没有添乱的主观动机。

第四是禁止的手势需要保持一致性。家长对待孩子的标准不能变化无常。家长情绪变化，判断标准往往随之变化，同样的事情有时可以、有时不可以，上次允许，这一次不允许；今天你说可以，明天就说不可以，家长标准不统一，孩子就不知道到底该做什么。

第五是家长的情绪变化对孩子影响很大。孩子时常在观察判断父母的情绪，有的孩子很敏感，父母今天很高兴，他就很开心；父母表现得不舒服，他就规规矩矩地坐到旁边，没有安全感。孩子要健康成长，父母的情绪就要尽量保持稳定。我们回家后，难免还在想烦心的事情，如果孩子观察到了，我们要安抚孩子，不要迁怒于孩子。回到家，从工作角色变成父亲或母亲角色时，我们一定要注意这样的角色转换。人的角色转换一定要随着时空转移而转移。

只有当孩子的自尊充足的时候，他才会充满自信；当他自尊匮乏的时候，就会被剥夺自信。他对此无能为力的时候，家长要去关心他、帮助他。比如得到我们咨询帮助的孩子，过了一段时间，大多就能站起来、好起来。既然是家长的某些所作所为造成了孩子的不自信，那么我们就要让孩子自信，尽量改变家长的看法和想法，从而增强孩子的自信。保护孩子一生的铠甲就是父母的宽恕、认可和赞赏。

（七）让孩子形成自尊，有什么家长语言表达的技巧？

首先是在描述行为时不加入任何的评判。比如孩子回家晚了，家长问："今天你为什么晚回？是和朋友一起玩吗？""你是不是与朋友在外面玩"是客观描述。对这种行为家长要有反应：你回来晚了，爸爸（妈妈）担心。家长表达感情和担忧，这就是情绪。我儿子在读小学的时候，有次挨批评了，被留下来罚做卫生，原因是他为了争取发言，站到了椅子上举手。我为此去找校长沟通，校长也认为该鼓励学生积极发言，学校因此改了规定：学生想发言，可以站起来举手。从这件事情可以看出，家长不能凭着自己的感觉就轻易批评孩子，老师有老师的规则，学校有学校的规则，家长有家长的规则，关键在于，我们如何去做理性沟通，怎么把这些规则连接在一起。

其次是选择行为描述的视角。以孩子的学习成绩为例，有一次，我家孩子考试成绩不佳，数学只得了 68 分，他担心我不高兴。我的反应是：68 分也不错，让孩子发现有 32 分的题是自己不会的，也就是说，孩子终于找到那些他还没掌握的知识点了，应该也算是一件好事，找到了问题就好办，就容易学会和补上。而妈妈的表现是很气恼的：别理我，让我安静会儿！在同样的问题面前，父母表现不同。聚焦于还没有掌握的学习问题，换个视角引导，效果怎么样呢：期末考试中，他这个平时的学渣进步很明显，只被扣了 0.5 分。这就是我们该如何选择关注焦点的问题，如果仅仅去关注他成绩不佳，而忽略过程，忽略孩子心理的反应，那他可能就很难有进步。实际上，我们每个人都希望得到的是赞赏，而不是批评。各位家长朋友，有谁会喜欢批评呢？不喜欢挨批评，喜欢表扬是人之常情。因此，只要表扬的是客观事实，那么就可以起到良好的效果。这对孩子的自尊形成非常重要。

■家长精彩评论

①
　　父母是孩子最好的老师，所谓教育就是教导和养育，希望家长能给孩子好的影响和一个良好的成长环境。

②
　　在带孩子的过程中，我总想孩子按照我的思路走，结果成了包办代替，剥夺了孩子动手操作的机会，忽略了孩子自己的想法……父母必须不断学习、探索与尝试，在不断摸索中前进，跟上孩子成长的步伐。

③
　　我平时只注重孩子的衣食住行，随着孩子年龄的增长，应该逐渐重视孩子的身心发展，多与孩子沟通，了解孩子需要什么，而不是将大人的想法加在孩子身上。

第二讲

心理健康教育
与危机心理干预技巧

■ **主讲人**

常军，中国人民大学社会心理研究所研究员，清华大学 MBA 课程研究班客座导师。

■ **金句精华**

1. 你的孩子在成长过程中，是非常需要被回应的，回应的效果，就能决定一个孩子的心理健康。

2. 想让孩子阳光，你就要先让自己阳光；想让孩子积极，你就要先让自己积极。

3. 如果一个人连选择都不能，他就没有任何能力，他的生命是伸展不开的。

■演讲内容

一、心理学知识点：镜像回应、先跟后带、多示范少说教

我们学习的第一个心理学知识点是镜像回应。孩子在成长过程中，是非常需要被回应的，你跟孩子的回应质量，就决定了孩子心理是否健康。

我问候大家中午好时，你们以默不作声作为回应，这就让我觉得自己没有价值感。大家重新回应"老师好"时，我心里感觉好温暖！各位，所有人际关系的问题都来自回应之间的流动。流动的质量，决定了一个孩子的成长。

有位叫温尼科特的心理学家说过一句话：一个孩子会不择手段，让他的爸爸妈妈看见他！有的孩子在身上纹身，目的就是：让这个世界看见他！我看到过一个小女孩，很冷的天露着肚皮，肚子上有纹身。周围的人看到的是这个姑娘好性感、好漂亮。而我的眼里所看到的是一个没有被关注到的孤独灵魂。她一定是原生家庭出了问题，她得多么渴望有人看见她啊。

我能看见这后面的原生家庭、养育关系、创伤事件，这三方面与一个孩子的成长有没有关联？

第二个知识点是先跟、后带。最理想的原生家庭是由爸爸、妈妈带大孩子的。孩子不是由爸爸、妈妈带大的家庭叫派生家庭。当一个孩子离开原生爸爸、妈妈时，特别是在 3 岁之前，孩子的整个世界都会崩塌，因为孩子与父母是共生关系。

跟孩子沟通就是一门技术。心理学一代宗师阿尔弗雷德·阿德勒说过一句名言：幸运的人一生都在被童年治愈，不幸的人一生都在治愈童年。

你想让你的孩子成为一个什么样的人，你就要示范给他看，想让孩子阳光，你就要自己阳光；想让孩子积极，你就要自己积极；不能你做不到的，却要求孩子去做到。

第三个知识点是多示范、少说教。一般孩子不会听家长说什么，他会看家长做什么！家长需要多示范、少说教！进入武侯家长学堂，帮助家长成长的第一种方法，就是学会闭嘴。你要毁掉一个孩子，你就拼命地去纠正他，我跟你打赌，这样一定会让你的孩子人格塌陷。因为当你不断纠正他时，他

会出现一个问题——选择障碍。当一个人出现选择障碍的时候，他会出现一个碎片化的自我。所以我强调：多示范、少说教！

试想，一个妈妈每天都在抱怨，每天都在家里跟她的丈夫和家庭对抗，她却跟自己的孩子说，你要好好地幸福，你们觉得这件事能行吗？这是不行的！心理学有很多流派，无论是精神分析流派还是人文主义流派，几乎所有的流派都有一个核心的原则：你想让世界变好，就先把自己变好。这就是投射，你会投射出来光芒，如果你自己很糟糕，却希望这个世界善待你，这件事情是很难实现的。

我在做心理治疗的时候，曾经遇到过一位家长，她的孩子很叛逆，没有办法跟她沟通。家长问我怎么办？说实话，我跟这个妈妈待在一起不到半个小时，我也想逃。为什么想逃呢？她来请教我，却不允许我说话；我一张嘴，她就打断我，我一张嘴，她就把我顶回去。你可以想象一下，在她面前，我是一个老师，拥有权威，她都这样，她的孩子，可能连呼吸都会感觉很困难！我最后的治疗方案，就是用心理学的技巧与方法，让她学会闭嘴。

父母"三高"，就是指父母高控制、高期待、高依赖！特别是一些单亲家庭的父母，对孩子的依赖比孩子对他（她）的依赖更强。这样的状态会让孩子感到很窒息。

温尼科特说：厉害的父母用两年学会说话，却用一辈子学会闭嘴。人出现选择障碍的一个核心的原因，就是在他早年时期，父母过多地去帮他选择。我在冰淇淋店看到，一个女孩高兴地说：妈妈我要吃草莓味的，因为我考到了 100 分。她妈妈立刻说，巧克力味的才好吃。这个孩子本来有自己的立场，但如果她许多次被这样纠正，这个孩子就会出现一个心理学的专业词——碎片化自我，即没有自己的立场，没有选择能力。你可以想象一下，如果一个人连选择都不能，他就没有任何能力，他的生命是伸展不开的。

二、给孩子留下完整的人格

讲到这里，大家应该就清晰理解了积极心理学之父阿德勒所说的一句非常重要的话：幸运的人一生都在被童年治愈，不幸的人一生都在治愈童年。

为什么要治愈他的童年？你给孩子留下一套房子，这是一笔不小的财产，但是我认为就算给孩子留下 10 套房产，都不如给孩子留下完整的人格。因为没有完整的人格，孩子驾驭不了这 10 套房产，反而可能把孩子毁掉。一个人拥有完整的人格，相当于家长给孩子存留了库存，长大后碰到"渣男"或"渣女"，受到诱惑，他（她）就有自己心中的库存来应对。相反，如果他（她）没有库存，别人一对他（她）好，他（她）感觉对方能看见我、能给我回应，就把所有东西都掏给对方。

这些库存究竟是什么？我们下面聊一聊这个问题。可能在很多家长的认知里面，认为给孩子留下好的教育、好的家庭、好的事业、好的习惯、好的资产，就是库存，但其实真正的库存是完整的人格。完整的人格是心中无缺！心理学称之为完形。孩子该如何做到完形？我们每天去追求快乐，但你有没有想过，你是追不到快乐的，但是你要是快乐地去追求，你就能追得到。

家长该如何给孩子留下一些库存呢？我们先来看心理学的一句话——"温柔而坚定，和善而有立场"。很多人是暴躁而妥协的。家长叽里咕噜发了一顿火，完了一看，孩子哭了，又说好吧，下次不要这样了。于是，孩子就知道了：哭很有效，我只要一闹他就会妥协。我推荐给大家几本相关的书籍：简·尼尔森的《正面管教》、阿德勒的《被讨厌的勇气》《自卑与超越》。温柔而坚定，和善而有立场，对孩子的库存是非常有帮助的。

对孩子来说，有独立完整的自我价值体系很重要。这对孩子一辈子而言都是一个巨大的库存，从而形成完整的人格。一些家长在面对孩子的时候会出现非常严重的焦虑感。这些家长焦虑孩子的事情往往是懒惰、拖延、玩手机、没有目标感、厌学、早恋等。这个世界仿佛永远都在跟我们开玩笑，有个妈妈做咨询时告诉我：她孩子 15 岁就早恋，现在到 35 岁了，却不想恋爱了，让人很揪心！各位，孩子在什么时间最难与父母互动，最让家长产生焦虑？是叛逆期！

如果家长活得很精彩，因为自己对生活的评价是 100 分，所以要求孩子听你的，那我恭喜这个孩子。但是，问题在于，一些父母自己都活得很糟糕。因此，这些父母的孩子最好不要听父母的，不要复制父母，这样他才可能有好的未来。

有个妈妈婚姻不幸福、投资失败、身体出问题、每天抱怨，然而还要求孩子：你为什么不听妈妈的，妈妈养育你多不容易啊。我很心疼这个孩子，我的告诫让孩子惊讶得睁大了眼睛：你可以不听你妈妈的！有的妈妈更可怕，她说：我要不是为了你，早就去死了，我摊上了你爹这么个不负责任的人，对这个世界早就厌恶了，就是因为你，我才委屈地活着。殊不知，这样的话会让孩子因此产生非常严重的愧疚感，他会顶着压力去生活。因此，哪里有什么叛逆期，有的只是家长无法控制的焦虑。孩子其实没有叛逆期，只有人格转折期和自我形成期。

孩子跟你说不上话时，你应该感到高兴：我的孩子长大了，认知形成了，判断形成了，价值观形成了，信念形成了，你不该高兴吗？你之所以不高兴，是因为你还想跟他存在一种关系——共生关系。

什么是共生关系？妈妈和0~18个月孩子的关系就是共生关系。这种关系是一定会出现的，甚至会到什么程度：妈妈身体不舒服、情绪不好，孩子都会拉肚子。18个月以后，两者一定要进入合作关系，从此时起，你们就不能再共生了。我有个学生，孩子14岁了，他怕孩子擦不干净屁股，每天还要给孩子擦屁股！这样做，孩子就不知道什么是边界，不知道什么是拒绝，他被当作一个巨婴，就长不大，永远依附在妈妈身上。18个月之前，如果母亲过早地跟孩子剥离，孩子也会遭遇麻烦，会出现一个过渡客体。有的孩子无论走到哪里，都要拿一个小枕头、小玩具、小毛巾之类的东西，并始终离不开这个东西。出现这种情况很可能就是因为妈妈陪伴的缺失，孩子用一个过渡客体来替代。

对于父母与孩子的共生关系，我们一般认为父母更爱孩子，实际上，只是父母更爱自己的父母身份。不管你渴不渴、冷不冷，我觉得你渴你冷，就要求你。你以为这是关心，其实只是你更爱自己。心理学有个专业名词——身份认同，即你只是更爱自己的身份。

一句听话懂事就可能把孩子毁灭，把他的需求、他的想法认知全部碎片化。去迎合所有人的期待和看法，如果这叫懂事，孩子哪来的创造力，哪来的人性张力。我们不允许他的自我形成，他只要形成，我们就毁灭了他；我们毁灭不了他，那就让他产生愧疚感。可悲的是，一些家庭的教育就是这样的。

我自己，其实到 31 岁才谈恋爱。曾经的我很自卑，因为我在母亲的要求下，连吃饭都不是用吃没吃饱来衡量，而是一定要把饭吃光，不能剩。我一旦剩下饭，我母亲就不高兴，只有我吃光我母亲才高兴。我吃饱或是吃不饱，要以我母亲怎么认为来衡量。如果一个男人是这样子，他实际上就是一个巨婴。那时候，我没有学过心理学，导致我一直没有办法跟异性交往，没有办法开启新的生活。我一个本科毕业、学心理学的人都克服不了原生家庭的控制，更何况其他人？当然，现在的我活得非常健康自洽。共生关系中，孩子表现得听话懂事，其实是满足了父母的身份认同。

从今天开始，我们学了一些心理学，应该明白：当孩子跟你说不想做某事时，他不是叛逆，而是自我的形成。人，有三个"我"，第一个"我"是本我，为所欲为。为所欲为的最大尺度，是想干啥就干啥，想吃啥就吃啥。第二个"我"是超我，如果你对自己的胡作非为产生羞耻感、罪恶感，追求道德、家庭、原则之类的时候，就出现了超我。超我，是要灭本我的。那么：是超我好、还是本我好？你想活成超我的样子，还是想活成本我的样子？其实，本我和超我，没有高低之分，它们是共存关系。我站上讲台，为各位做分享，就是一名讲师，回到生活中就是别人的儿子、兄弟，不是同样的面貌，却是同一个人。如果你要一直活成超我的样子，那就麻烦了：你会出现偏执，这是精神疾病的象征。一个人要么神经一直是紧绷起的，要么每天都是"躺平"的状态，说人生就是这样，这就是偏执。两者之间，还有第三个"我"是自我，自我是有判断、有价值观、有能力的，它跟环境有关，它是有边界的。自我的形成，就是孩子真正要跟父母分开的过程。

三、转折期

孩子有四段人格转折期——3 岁、7 岁、14 岁、18 岁，可能会有早晚，是父母觉得孩子最难管的时期。孩子要做自己，孩子会说不；家长让孩子把秋裤穿上，孩子说不；家长让孩子向东，孩子就偏向西；家长让孩子"赶鸡"，孩子却"赶鸭"。这一过程中，家长不用担心，而应该感到高兴。家长可能会看到孩子有很多问题：懒惰、拖延、不会做家务等。但请不要担心，大多数孩子在成长过程中的问题，等到了下一个年龄段会自动消失。

家长要相信周期的力量。比如家长提前三周训练孩子爬楼梯，到后来，用五天就能训练好孩子爬楼梯。这提前三周的付出，没有让孩子提前学会爬楼梯，反倒产生可怕的后果：会让孩子产生自卑感，因为孩子老是爬不上去。小时候我不会做家务，我妈为此很焦虑，但现在我很会干家务。我妈所有的担心完全多余了。

人在 18 个月之前，妈妈跟孩子是共生关系，18 个月以后尽可能地要学会跟孩子交流和谈判。真正的爱是创造价值与对方去交换，而不是一味的付出，也不是一味的善良。

到一定时间，就会出现相应的问题，每个孩子内心都有善恶。心理学有个专业名词——喂养。你喂养善，善就会长大；你喂养恶，恶就会长大。针对孩子出现的很多问题，家长需要去反观自己的问题，因为是家长在喂养这段关系。大家需要清楚：当孩子的这四段人格转折期出现的时候，你应该感到高兴。第一个人格转折期，在 3 岁前，他在转折的时候，会做一个动作——丢东西过来。家长需要考虑：第一步能不能接得住，第二步能不能消化得了，第三步能不能反哺给孩子？比如，1 岁的孩子老是打人，人们一般认为，打人是恶意攻击性的不良行为。但是，从心理学角度来看，孩子的行为并不是。1 岁的孩子打人，家长应该这么想：有没有可能是在表达爱你、喜欢你？有没有可能是想让你关注到他？或者他可能是在模仿大人？然而，此时的妈妈就接不住，接不住就打孩子，对 1 岁的孩子你打回去，还教育他打人不对，打人犯法，孩子能听得懂吗？他听不懂！家长需要做的是通过学习，把你的容器扩大。在我们的人生当中、工作当中，社会也会扔过来很多东西，你也是需要接住的。我们不妨思考，在成长的过程中，你的水平到底能接得住多少？如果你什么都接不住，就说明你这个容器有问题。

大家应思考一件事情，为什么你一定要让孩子听你的话，并按照你的意识来行事？因为共生，因为他这样做，你开心、你满足。但是，作为妈妈，她对事物的感知度，跟一个十几岁青少年的感知度是不一样的。

当孩子跟你说不的时候，他的认知形成、价值观形成、判断形成、边界形成。我们此时该给孩子鼓个掌：孩子长大了。不要再试图去强力地把他拉回到你的共生关系里，因为你的共生关系是一元世界，这是人生当中一个扩张和成长的过程。孩子 3 岁的时候，妈妈的容器非常重要，因为如果妈妈能够接得住孩子，能从容地应对孩子，孩子就会出现一个非常重要的东西——安全感。

安全感需要从 3 岁之前培养。3 岁之前，妈妈是第一容器。我们不要高估爸爸的能力，孩子可能吃饱了没事的时候才找爸爸玩。渴了、困了、饿了都是喊妈妈的。我们都知道，人在最恐惧、最害怕的时候，嘴里会喊：我的妈！他不会喊：我的爸。也就是说，孩子的安全感一定来自妈妈。

为什么说孩子 3 岁的时候是人生转折点？在 0~3 岁，人的大脑会出现神经元，孩子成长，出现几个时间段，第一个时间段是口欲期，孩子在 0~8 个月的时候，他的嘴巴会不断去吞噬，所有的东西他都想放到嘴巴里咬，这不是在长牙，而是口欲期；这个时间段一旦过去，孩子的大脑形成突触，神经元的突触开始链接；紧跟着是肛欲期，这时期他能控制大小便了。其后出现阴茎崇拜，再后来是性潜伏期，就是不跟异性接触，再以后就是青春期。

手欲期、足欲期，在 3 岁的时候，就是这些体验，令孩子大脑的前额叶系统出现巨大的链接，与世界产生互动。

孩子刚出生的时候，前额叶是没有闭合的，出生以后三年，前额叶才会真正地闭合。所以，建议大家：尽可能不要剖宫产。因为孩子出生的时候，他的头要经过妈妈产道挤压，激活大量的前额叶的神经元，但一旦剖宫产，这件事情就没有了，因此剖宫产的孩子很容易出现两种疾病，一种是感统失调，另一种是注意力涣散。如果孩子是剖宫产的，你要尽可能在 0~8 个月时让他每天爬行 40 分钟左右，这样才能极大程度缓解剖宫产所带来的副反应。

0~3 岁是孩子安全感的建立时期，孩子的容器来自妈妈，但是，妈妈也需要一个容器被呵护。妈妈是孩子的第一道容器，爸爸是妈妈的容器。爸爸给孩子的安全感是传不过去的，爸爸一定要爱孩子的容器，这样爱才能传过去。

所以 0~7 岁时，爸爸对妈妈的呵护，就会让孩子产生第二个非常重要的人格——归属感。一些女孩找老公，很可能就是在找归属感。

孩子 7 岁的时候是很重要的人格转折期，这时须关注一个词——边界。7 岁的孩子非常清晰：什么是你的，什么是我的。所以不能老是越界，不要没经过孩子的允许就去动他的东西，这会给他造成心理创伤。7 岁孩子的这种心理上"营养"，一定是来自爸爸爱妈妈、妈妈尊重爸爸，实际上，"营养"会使他很有归属感。

14 岁是一个非常重要的人格转折期，这个时期孩子出现非常重要的人体变化，即进入青春期。男孩可能会长胡须，女孩会有生理期，意味着他们身上开始出现一种非常重要的激素——荷尔蒙。

荷尔蒙开始出现高峰就在 14~18 岁。其间，孩子整个人处于内分泌紊乱的状态，我们称之为青春期。他要么就去战斗，要么就去求差异，要么就是让异性关注自己。14 岁左右长痘痘的这个时期，是人格转折期，此时，是家长更应该能接得住他的时候。你说是，他一定要说不，这样他才能有独特性，有了独特性他才有差异感，有了差异感，他才能引起别人对他的关注。

作为专业人士，我也面临自家孩子青春期的烦恼。女儿离我疏远了，不听我话了，让我觉得好失落。我需要改变和女儿的相处方式，努力做到快乐地面对孩子的拒绝。她说不，我就选择妥协。

14 岁的孩子很可能连爸妈都不喊，也不和爸妈打招呼，甚至连最基本的礼貌都没有，但不用担心，这就是他要做自己，他对你的爱其实还在。

此时，如果你能够让他做自己，孩子会出现了不起的库存，即价值感，以及感同身受。在生活中，我们看到一些男人喜欢吹牛，一些女人喜欢名牌，刷光信用卡也要买。这就是自我价值不足的表现。

只有具备了安全感、归属感和价值感，孩子未来才能在未知领域可以做自己。自我实现是人类需求的最高维度，人这辈子能活成自己想要的样子，是了不起的事。

一个孩子如果没有形成自己的库存，那他会一辈子都在寻找安全感、寻找归属感、寻找价值感。前文提到的那个大冬天露着肚子炫耀纹身的女孩，就是在寻找自我的价值感。

我最后强调：给孩子留下万贯家财，不如给他留下完整的人格，也就是这三样东西——3 岁之前的安全感，0~7 岁的归属感，14 岁左右的价值感。

说到这里，有人可能会忧心：我的孩子已经出现一些问题，怎么办？我能告诉你的就是：一定有办法。

每个孩子健康了，每个家庭就健康了，我们的国家就会越来越富强。

■家长精彩评论

① 好家长胜过好老师，家长应是孩子的启蒙老师，孩子最容易模仿家长的言行，只有家庭教育和学校教育相结合，才能取得好的教育效果。

② 父母们教育孩子应该根据孩子的年龄特点来进行，比如婴幼儿比较调皮不听话，家长可以通过玩具吸引等方法转移孩子注意力。对于 3 岁以上的孩子，如果经常犯错误，要具体问题具体分析。

③ 对孩子多些耐心：家长教育孩子要多付出一些爱，所谓真情流露，孩子会领情并明白家长的苦心的。这是教育孩子基本的一点，不能总是一副着急、凶巴巴的样子。家长教育孩子之后，多想着拥抱拥抱孩子。

第三讲
家长的智慧

■ **主讲人**

张皓，四川师范大学心理学院教授，中国心理学会学校教育专业委员会理事。

■ **金句精华**

1. 家庭教育的两种病态：第一，过度说教症；第二，教育说辞的消化不良症。

2. 一个人要成功，最主要的条件就是自律。

3. 从行为开始养成习惯，习惯成自然，最后变成我们的性格。

随着社会发展，现在很多家庭吃、穿、住、用各方面物质条件都很好，家长普遍的愿望是希望孩子成长得好。家长为了孩子的成长，愿意付出时间、金钱、体力，但是这些付出必须伴随着家长的智慧。

很多家长对孩子教育的理解过于简单，对于提醒过孩子的问题，以为批评了，就算是完成了教育。但是，教育不是这么简单的事情。

一、家庭教育的两种病态：过度说教症和教育说辞的消化不良症

在简单观念的影响下，我们经常看到家庭教育的两种病态：第一，过度说教症；第二，教育说辞的消化不良症。

过度说教的表现是：见山说山，见水说水，如果没有什么可以叮嘱孩子，家长就觉得自己没尽到责任。他们的家庭教育就是成天跟孩子说教。我知道一个极端的案例：家长跟孩子唠叨的时间居然达到了大半天。家长一直在责骂孩子，孩子则一边哭一边做作业。想一想那种场景，我觉得真是一场人间悲剧。孩子在做作业，本该是可爱的样子，不应去打扰他，带着欣赏的眼光去看待他，而这位家长，却一直责骂孩子！

我跟大家讲一种心理学疗法——厌恶疗法。想戒酒的人，闻到酒味，就被电击。时间久了，酒味就和电击的滋味混为一谈，他就会厌恶酒，酒瘾自然就被戒掉了。同样道理，孩子在学习过程中，如果伴随着辱骂与家长的恶劣情绪，那么他的学习活动就会跟这些东西混为一谈，时间久了，孩子就会厌恶学习，其结果与家长的初衷背道而驰！

教育说辞的消化不良症显然是孩子得的。其表现：一是一听到家长唠叨就烦，一被说就急；二是家长说上半句，孩子就知道下半句要说什么。这很有意思，也就是说，家长想告知的东西，孩子其实是懂的，既然孩子懂，为什么还要反复说教？懂得的道理，孩子并不会付诸行动，这就是消化不良症。

当我们的教育过程当中充斥着这两种症状的时候，家庭教育就会变成不愉快也特别无效。这是我给家长的第一个提醒，也是家庭教育中可能出现的

第一个偏差。

二、不要通过孩子来缓解你的焦虑

我给大家举个例子。精神病院里，偶尔会遇到一类女病人，她手里总抱着一个枕头，把它当作婴儿。无论是人类还是其他物种，做母亲之前，为了迎接新生命，身体会发生各种各样天翻地覆的变化，但是，如果新生命夭折了，她原本已经做好了当妈妈的准备，却失去了对象，于是变得精神失常，需要找替代，需要去付出爱。人类历史上出现过的狼孩、虎孩、豹孩、猪孩这样的故事，就是如此道理。女精神病人总抱着一个枕头，因为她需要去付出爱。在这时候，大家应该清楚，不是枕头需要她的爱，而是作为妈妈，她需要去付出爱。

父母的唠叨是因为孩子需要唠叨，还是家长需要？大家可以自己去分析。如果是孩子需要，那么家长可以心平气和地跟孩子交流自己的想法，征询孩子的看法。我相信家长采用心平气和的方式，孩子多少会接受一些。但是，如果家长一直唠叨，很显然，这是家长需要宣泄自己的压力！现在许多父母都很焦虑，如果你感到焦虑，记住，不要通过孩子来缓解你的焦虑。

带孩子是辛苦的事，父母要有单独的时间去面对自己的心灵。也就是说，家长自己的心理健康，需要自己去解决好。做父母的，如果把对孩子的教育行为和解决自己的心理健康混为一谈，那么这样的教育行为，会变得穷凶极恶。

三、不说正确的废话

我发现，父母跟孩子讲的很多话大多都是正确的。父母恨不得把世界上最珍贵的东西给予孩子。但是，父母说出的话不见得有用，因为这一类话可能是正确的废话。

一些孩子是精致的利己主义者，他们的脑子里往往只有自己，所做的一切往往局限在一个非常狭隘的范围内。我有个朋友希望自己的孩子摆脱这样的状态和格局，成为一个优秀的人、有社会责任感的人、有远见和魄力的人，于是他经常借酒后拍桌子来告诫教育孩子。

在我看来，这样的告诫就是正确的废话。怎么才可以拓展孩子的视野和格局，让孩子心胸开阔呢？笼统地说，是读万卷书，行万里路。孩子视野开阔了，心胸自然会开阔。

另外一句家长经常说的正确的废话很吸引人：学习要讲究方法。有的家长估计会提出异议，不认为这是废话。这句话本来是正确的，我之所以会把它列到废话中去，那是因为，学习确实要讲究方法，但没有具体方法，它就是一句废话。家长在告诫孩子：你的方法不对，学习是要讲究方法。此时，家长应该做的是给孩子一套学习的具体方法，或者讨论出一套有用的方法，不能只说要讲究方法，却并没有给孩子具体的方法。

孩子做错题扣分，老师直接在旁边标注：这是文学常识，你没背，建议早自习抽 5 分钟背诵，这就是具体方法。一个父亲写下这样的评语：决战中考，不辜负青春，对得起父母。这完全是空洞口号。在高喊口号之外，你需要给孩子一点具体的帮助。父母告诫孩子：你的性格要放开一些才好。但你高喊口号之后，孩子的性格就可以放开吗？

在父母跟孩子的互动当中，有这样的规律：父母跟孩子之间是互动的，我们不难发现，一些聪明能干的父母培养出了平庸孩子；而一些普通的父母，造就了能干的孩子。心理学上的群体动力学认为：群体需要跟外在保持动态平衡，从群体内部看，你强我弱，你进我退，你风光占尽，我只好枯枝败叶。

其实，我特别强调它是一个互动的结果。父母的聪明能干应该去面向世界，当你们面对孩子的时候，可以适当装笨、装傻。多年来，我一直希望在我儿子面前建立一个较弱的形象，让他感觉比我能干，我似乎达到了这个目的。

我儿子在小学四年级的时候，写了一篇作文，吐露了困惑：我妈妈这个人很奇怪：工作的时候特别能干，而回到家里就笨笨的。既然妈妈什么都搞不定，孩子就经常操心，我出差前，行李箱里水杯盖子没有拧紧，他都帮忙检查。

四、把孩子可以干的事情交给他

我的很多好朋友，包括我学校的一些同事，他们是第一代离开土地的农民，他们的父母都还在务农，但他们成长得特别好，原因肯定是有多样的，但是，我特别推荐一位朋友妈妈的名言：孩子说的就是对的！她永远崇拜着他的孩子。

我发现，很多没多少文化，甚至大字不识几个的父母，他会仰视自己的孩子：你好厉害，孩子被定位在那里，说你好你就好，不好也好。而大量聪明能干的父母，经常反其道行之：你怎么那么笨！你怎么那么糟糕？你爸妈像你这么大的时候，早就怎样了。孩子被定位在说你不好就不好，好也不好的位置上了。因此，我特别提醒父母，摆正自己跟孩子之间的关系。

五、处理好孩子和异性同学的关系

我与一些家长们广泛接触后，发现他们的标准是，男女同学不来往，就是处理好跟异性同学的关系。结果，现在一些三四十岁孩子的父母，天天到公园去帮孩子相亲，那时候你不让他来往，他对异性也没兴趣了。说到这里，各位家长不妨检讨一下，自己平常爱说的话，哪些属于正确的废话？

六、重智，更要重德

在做家长的智慧中，我特别想提醒家长的、一条几乎中国父母都会出现的倾向——重智轻德。关于重智轻德，家长往往说不出来为什么，不是因为在他们眼中德不重要，而是因为德得不到别人的考评。而数学考了多少分，这就很好考评。

18世纪德国的教育家赫尔巴特说过：要培养一名绅士，唯一的品质就是道德、德行。子曰："弟子入则孝，出则弟，谨而信，泛爱众，而亲仁，行有余力，则以学文。"你看，古人要求其他都做好了，再来学文，文是什么？就是我们说的智。2 000年前孔子所处的时代就已经把德放在首位。

他山之石，可以攻玉。我找了一组西方家长对孩子品德的要求，供家长借鉴。我把它归纳成五条。

第一，自律。要求孩子做一些自己不愿做，而社会要求做的正当的事情。关于自律，我手上有两份材料，第一份材料是由西方心理学家整理出来的：一个人要获得成功一共需要12种品德，其中一种就是自律。第二份材料是中国古典处世哲学书——《菜根谭》。《菜根谭》强调：一个人要成功，最主要的条件就是自律。东西方关于自律的观点不谋而合！

第二，自信。我们经常听到有的父母说：你要自信。这句话又是一句正确的废话。你要自信，你告诉我怎么才能自信？那就是在人群中找到优越感，我发现我比你强，你做不到的，我做得到，自然就有自信。其实，很多事情不见得是为别人做的，而是我们为自己做的。因此自律也是诚实，要敢于说真话。

有一句话：孩子是家庭的秘密。你家里有什么秘密，我不必去探究，只要你的孩子一张嘴说话，你家庭说话的风格我就知晓了，有的孩子说话真的能有一说一，做事情踏踏实实，绝不浮夸；有些孩子就满嘴跑火车，你就可以知道他们家的风气。在这一事情上，父母有责任为孩子做一个良好的示范。

第三，利己但不损人，这是底线。我们可以利己，但不要去损人。

第四，敢于说：请原谅，我错了！在这方面，我不知道父母们有没有高度重视，有没有发现父母不允许孩子犯错误，孩子犯错误的后果是不是孩子承受不起的。心理学揭示孩子为什么撒谎，因为如果孩子不撒谎，后果是孩子承受不起的。

生活中经常有这样的情况，孩子犯了错误，父亲在那教训孩子，而妈妈说：行了，孩子都知道错了，你看孩子都哭了，还没完没了。这时，标准在哪里？究竟妈妈说的是对的，还是爸爸是对的，怎样叫行了？怎样叫不行？

孩子犯了错误，父母需要做完以下五个环节的事，而不要立刻去打骂他。第一个环节是反省，建议家庭当中设一个安静角或反省角；古人主张面壁思过，我不指出，也不立刻惩罚你，你自己先安静反省。第二个环节是痛悔反省的效果。假如他越想越觉得不好意思，真的好难过，出现了痛悔的情绪，反省就产生效果了。第三个环节是盯改。做什么事可以改变犯的错误？做错了，就赶紧去改正。第四个环节是告知错在哪。我错了，我认识到了，我改了，是道德行为；我感到难过了，是道德情感；问错在哪了，这是道德认识。若道德认识不到位，则无法真正改正错误，因此一定要讲清楚错哪了。第五个环节是补赎。你错了，就去做一点事情来将功折罪，比如，这个星期你来洗碗，以此弥补自己的过错。

其实每个人在成长过程中都会犯错，我们现在发现，规定太严、父母或老师太厉害，孩子犯了错误就会不敢说，他就可能做更坏的事情来掩盖，然后一个错误接一个错误，事情会因此变得更加严重。

我可以犯错，但需要承担这个错误并努力改正。所以，为什么要敢于说：请原谅，我错了。曾经有一对10岁的双胞胎兄弟，家里经济条件挺好，两人在超市偷拿光碟，被超市的保安逮着吓唬，说要告诉老师，妈妈来领人后，也吓唬：看我回去怎么收拾你们！结果两个小孩都跳楼了。10岁的孩子，哪里遇到过这么大的事。因此，作为家长，说话前脑子里要有预判，要考虑你的孩子能否承受得起。

那么，承受得起是什么意思？我错了，我该认错就认错，该赔钱就赔钱，该处罚就处罚。不要因为犯了错就恐吓孩子，赫尔巴特主张适度地恐吓，但是不能过度恐吓，保安和母亲对孩子的恐吓就有点过分了。

第五，具有运动员风格，懂得获胜重要，但并非至高无上。心理学研究发现，现在人们抑郁症等心理疾病发病率很高，但运动员的各种心理疾病的发病率相对较低。研究揭示，每天增加一小时体育锻炼，焦虑症、强迫症就会降低不少。抑郁症的核心特征就是没动力，什么都不想做。但人在运动的过程中，大脑释放多巴胺，就会快乐起来。抑郁症患者就是不运动，不运动就没有快乐，抑郁症就会更严重。假如能够运动起来，他的情况就会得到改善。

很多父母教孩子奥数、作文、钢琴等，其实我建议还是选个运动项目更好。我最近读了一篇很有意思的文章，是关于中日青少年身体状况比较的。先说重点，中国人均寿命为74岁，而日本人均寿命已经为84岁，其中日本女性的平均寿命达到88岁，位居全球第一。难道我们一开始就落后吗？不是的，中国青少年10岁阶段的身高、体重、速度、柔韧性、弹跳，是全面赢过日本 10 岁阶段青少年的。我们所有的指标都领先。那我们是什么时候开始落后的呢？是 12 岁。男生的身高、体重、柔韧、速度全部下降，14 岁就降得更厉害。到了 16 岁，女生就剩一项身高数据领先日本同龄女生，而男性已全面落后。

也就是说，在运动、身体素养方面，家长需要重视，以帮助孩子养成各种有益身心的好习惯。如果要说其中哪一句最重要，那最后一句最重要：养成各种有益身心的好习惯。印度有句谚语：播种行为，收获习惯；播种习惯，收获性格；播种性格，收获命运。好的习惯可以使你终身受益。从行为开始养成习惯，习惯成自然，最后变成我们的性格，性格最后成为我们的命运。

我经常觉得，当今一些中国家庭似乎有点像是"大学生加工厂"，爸爸负责挣钱，妈妈负责做饭，孩子负责考大学，全家齐心协力，把孩子供上大学。到此，就好像家庭教育的任务完成了。我觉得，这可能还差很多。瑞士的心理学家荣格说，在每个孩子的内心，都有一张心灵地图，是爸妈给孩子的。我觉得这才是最重要的。"地图"是什么意思？就是指明哪里该左拐，哪里该右拐，哪里是坦途，哪里有障碍，这张"地图"会指引孩子一生。

那么，关于家庭应该给孩子尤其是在意志品质上留下什么信念，我做了以下归纳。

第一是没有过不去的坎。所有的坎都过得去，你的孩子如果接受这一信念，他会是一个乐观的孩子，他会有这一信念：天下事了犹未了，何妨以不了了之。

第二是无论发生什么事情，父母都永远和你在一起。也就是说，有什么事情都可以跟父母聊。英国儿童的"安全十大宣言"中有一条：小秘密要告诉妈妈。这一信念须建立起来。有一句话我很喜欢：妈妈是谁？因为上帝不可能到每个家庭去，所以有了妈妈，妈妈就是孩子的上帝！这种信念很重要。作为妈妈，如果孩子有话不跟你说，有什么事情想办法瞒着你，我觉得，这个妈妈肯定是需要反思的。

第三是无论什么经历都会产生利益。给孩子建立起一种信念：无论什么经历都会产生利益。以四川师范大学毕业生、曾在中央电视台工作的李佳明为例，他从四川师范大学毕业后，先去了内江电视台，在内江电视台工作多年后，又调到中央电视台。到了中央电视台，很多朋友告诉他：你要是一毕业就到中央电视台，你的发展就不一样，就会好一些。他当时也觉得是这样。可是，突然有一天，他反应过来：不对！其实经历的所有的事情都会产生利益。父母经常给孩子设计一帆风顺的道路，而一帆风顺的孩子，往往就是经不起打击、抗挫折能力弱的孩子。

我给大家讲一个苏轼和他的弟弟苏辙的故事。他们在年轻的时候身上有傲劲，认为天下文章就看他们兄弟俩！虽然他俩的文章也真的写得好，但是苏辙发现：自从他哥开始流放，自己的文章再也赶不上哥哥的了。虽然没有人愿意被流放，但正是在流放中，苏轼的内心产生了各种各样的变化，产生了不一样的心胸、不一样的情思、不一样的文字，文章的意境提升了。也就是说，即使是流放贬斥的经历，也能产生利益。因此，孩子在成长过程中，如果有这样的信念，父母会轻松一些。

孩子数学不好，学习过程中孩子也能成长；孩子一件事情做得不顺利，他也能因此成长。在成长过程中，父母需要给孩子建立起这样的信念：所有的经历都会产生利益。

第四是跌倒了要爬起来。在生活当中，有些人跌倒了就爬不起来，就趴那了。我在给别人做心理咨询时，会接触到很多人的成长故事。对有的人来说，让他跌倒的事，就是小事一桩。对有的人来说，他觉得让他很受伤的事，我却在想，这事我也经历过好多啊，并不觉得是多了不得的事。这些事对很多人来说，却是过不去的沟、过不去的坎。

天下人经历的事大都差不多，只不过有的人经历了一点事情，就伤口舔血，就趴下了，就实在爬不起来了。有的人包括我这样的人就会说：哪个地方受伤了，长好了就好了，摔跤了，爬起来就好了。这样的人生态度才是健康的。跌倒了爬不起来的人，我们生活中会遇到很多，我不知道是他父母的"地图"出了问题，还是在他跌倒的时候，他父母没有很好地支撑，没有很好地帮助他。

第五是"天生我材必有用"。这是唐朝大诗人李白的诗句。我们经常会把自己的感觉告诉孩子：哪一条路是对的，哪一条路是不对的。人生道路的选择有了高下之分。

我给大家分享一封著名诗人余光中写给儿子信的开头,我个人很喜欢。这封信的第一句,估计大多中国家长听了会大吃一惊:儿子,今后你可以做工人、也可以做农民。第二句话会把更多的中国家长吓到:儿子,你甚至可以当收荒匠。这句话可能天下父母都说过:不好好读书,将来当收荒匠。你可以当工人,可以当农民,可以当收荒匠,但是无论如何,儿子,你必须得是一个理想主义者。你当工人,是一个心怀理想的工人,你当收荒匠,是一个心怀理想的收荒匠。

现在,很多人除了挣钱什么都不要,这辈子只有挣钱没有理想。我觉得这就是家庭教育出了问题。家庭应该给孩子一些理想和信念。

七、不要瓦解其他的教育力量

有一个概念为教育方向一致性原则。一旦瓦解其他教育力量就会出现"5+2=0",即 5 天学校教育把孩子往这边引,2 天家庭教育把孩子往那边引,最后效果抵消等于 0。

有一个很厉害的女高管,能干聪明、漂亮优雅,对孩子很严格,但她的孩子只能她管,爷爷、奶奶、姥姥、姥爷不能管,连爸爸都不能管。孩子成长的前期还算顺利,可是,当孩子长到 14 岁,到了青春期,开始狂风骤雨般地反抗,在妈妈面前失控。这位妈妈此时遭遇到的境况是"四面楚歌",叫天天不灵,呼地地不应,其他的教育力量都被她瓦解了,这时候完全找不到人来帮她。

教育孩子不是一件容易的事,你调动所有能调动的力量,大家一起齐心协力把孩子教育好,就算不错,结果你把其他的力量瓦解掉,当孩子失控的时候,妈妈便彻底没有了同盟军。

经常有"80 后""90 后"父母抱怨:孩子的爷爷、奶奶不懂教育。这一点,我不敢苟同:你自己不就是被他们带大的吗?中国教育的最原始状态就是隔代教育。

所有的教育力量当然不会都是正面的影响。我们的家族当中有正面的影响也有负面的影响,我们需要吸取正面的影响,克服负面的影响。怎么能害怕爷爷、奶奶接触孩子呢。中国老手艺人玩玉、玩金、玩古董之类，还有一些小手艺，这些小手艺在他的行当中有个规定：不准爸爸传给儿子，而要由爷爷传给孙子，为什么？因为那些都是弄来玩的东西，爸爸和儿子中间太严肃，玩不起来，只有到了爷爷跟孙子玩的时候，那才能玩得尽兴。从这些小规定中可以看出，隔代交往有非常多的优势。

在和家长交往的过程当中，我发现了一种现象，即许多家长有义务没权利。有义务是什么意思呢？你是孩子的监护人，孩子要吃要穿要喝，这都要花你的钱，孩子去学校你得去送，孩子表现不好到学校接受批评你得去。这就是有义务。家长都知道自己有义务，却不知道义务和权利从来是一个问题的两个方面，我承担相应的义务，就有了相应的权利。

可是，现在许多父母没有权利，本应要求孩子干什么，他却不要求。这是家长没有明确自己的权利在哪里。

我儿子高一的时候，曾经告诉我，他下午4:20会在家，但打电话回去他却不在。回家后我责怪他，结果他回了我一句："你在哪我也不知道啊。"这种话可能很多家长听了会哑口无言，但我告诉他："儿子，你给我记住，我是你的监护人。你的行踪我得了解，你不是我的监护人，我不必事事向你汇报。"这么一说，儿子立马道歉："妈妈对不起！"也就是说，父母要操心孩子，也就拥有相应的权利去要求孩子。

父母不能孩子要吃给吃，要穿给穿，对孩子却不敢有要求。这种现象不合理，是需要父母学习提高认识的地方。

我祝愿天下父母，教育行为充满智慧，也祝愿天下父母的子女都能成才！

■**家长精彩评论**

①
　　老师的教导如同一面镜子，照出了身为父母的我们自身存在的问题，只有不断反思自省、修正提升自己，才能陪伴引导好我们的孩子。大手牵小手，让我们一起成长吧！

② 　　学做智慧的家长不是一天促成的。孩子在成长，家长也应该成长，养成好品德，探究学习方法。对于成长过程中的失败和犯错，让孩子独立做选择、做判断，家长和孩子的双向沟通。

③ 　　多注意孩子的心理变化，别拿出长辈的姿态对待孩子，争取让孩子把家长当成知心的朋友。对于孩子犯错误了，家长不要一味指责，问问孩子为什么做错事，引导孩子发自内心知道自己做错了，并且不会再这样做了。

第四讲

亲自与亲子

■ **主讲人**

吴易凌，四川大学经济学院教授、硕士生导师，知行智库咨询培训专家，高级管理咨询师。

■ **金句精华**

1. 共情不是同情、不是怜悯、不是悲悯，是感同身受，是告诉孩子我很关注你。

2. 要夸奖也要接纳。我接受你就是这样的，我承认你就是不完美的。

3. 亲子沟通，重要的不是父母说了些什么，而是孩子感受到了什么，理解了什么。

■演讲内容

很高兴能和大家分享亲自与亲子这个主题。你们应该会发现，前几期老师的讲座有一个核心理念，那就是做父母不是天生就会，而是需要终身学习，与孩子共同成长。近期，不少家长朋友表现出前所未有的焦虑和紧张，细心一问，发现最近有两件事深深地刺激了他们。

第一件事是冬奥会时那位街头巷尾都在热议的谷爱凌及她的妈妈，让好多人羡慕、嫉妒且焦虑。虽然成就谷爱凌的原因很多，但需要我们关注的重点是：谷爱凌的妈妈，是全程亲自陪伴和教育，有情感输出，有方法技巧，那才是谷爱凌勇敢自信的最大力量源泉。现实中，我们有很多父母是隔空教育，以为把孩子交给了学校老师，自己付了学费，孩子就应该能成长好了。但事实上，就孩子成长而言，学校老师教育所起的作用，只占三成，另外七成得靠家庭、靠父母！

让家长们受刺激的第二件事来自热播电视剧《人世间》。剧中有太多值得我们反思的桥段，比如，电视剧中的周蓉认为自己为女儿付出了她能够付出的一切，为了给女儿买个洋娃娃，自己吃了一个月的馒头和咸菜，但是，孩子就是不亲近她。女儿那篇作文《我的妈妈》，虽然满篇都是夸妈妈，但读起来像组织部的公文，没有一星半点的母女日常模样。周蓉就是一个不亲自亲子的典型案例，女儿一直跟着舅舅、舅妈生活，明显对自己的父母疏离甚至冷漠。纵然周蓉是大学教授，也很难实现对孩子的亲子教育。因为没有好的亲子关系，就不可能有亲子教育。剧中的小儿子周秉昆和父亲闹别扭，虽然他已经成人了，但依然渴望得到父亲的夸奖和认同，但老父亲偏不给他，还说了些他自认为的大实话去刺激儿子。父子俩因此多年都不说话，好不容易见面就开始争吵。其实就是一方需要道个歉，另一方需要真心认可，夸奖一番，父子关系就能回到正常。

很多家长朋友表示，真的很想成为有智慧的成长型父母，但就是没有方法，没有路径。正是因为了解到他们的苦恼所在，才有今天关于亲自与亲子这个主题的讲座。简单地说，是父母要直接亲自参与孩子教育，不假他人之手，不完全托付给学校和老师，同时在改变自我认知的基础上，学习亲子关系的方法技巧，最终实现与孩子的共同成长。

关于亲自与亲子这个主题，今天我们和家长朋友们分享五点。

一、要付出，也要自私

（一）付出

父母的付出，我不用多讲。为了孩子，父母往往含辛茹苦、节衣缩食、无怨无悔。关于付出，我只想强调一点，记住：付出是支持而非替代。

有些父母喜欢什么事都帮孩子做，什么事都替孩子包办，错误地认为：孩子只要认真读书就好，其他都可以由爸妈代劳。

从孩子生命发展的角度来看，如果想要孩子更成功和更幸福，那么，他很多生存及生活的能力需要亲身历练。去获得掌握生存生活的技能，也可以让孩子更加自信、更有力量。

而那些被替代成长的孩子，内心其实是没有动力的，他们往往胆小、害怕、压抑，长大以后就变成"啃老族"或"宅男""宅女"。

我记得曾有一则报道：一个13岁的天才儿童被特招进入了一所知名大学，可是他的日常生活无法自己料理，他也无法和其他同学相处，入学不久就被退学了。原来，他过去的日常生活都是他妈妈打理的，就连学习也需要妈妈跟着一起学。越俎代庖，代替孩子去做他自己应该做的事情，一定不是正确的付出，不是真正意义的支持。

那么，真正的支持是什么？我的理解是，协助孩子完成孩子力所不及的部分，但绝不替代孩子去做完全部。比如，孩子要参加学生会竞选，父母就可以当听众，听听孩子的演讲，并发表个人观感，但绝不要帮孩子写稿，更不要亲自出马去争取选票。

但有的家长不是这样的。比如，在孩子读书期间的大大小小的班级活动中，活动的主角应该是孩子，家长就是一个配角。但有的家长反其道而行之，硬生生替代孩子，把班会搞成了一场工作会议，搞成了"拼爹"的现场会。实在是没有必要以这样的方式去支持孩子，但凡孩子自己力所能及或者稍微加把劲就能完成的事，父母都该放手，并有意识去培养孩子的独立和担当。

如果老是担心孩子做不好而处处去代劳，一方面，会使孩子失去独立思考的能力；另一方面，这对孩子健全的人格成长也是极为不利的。

（二）自私

接下来，我们重点讲讲父母的自私，我们可以从以下两个维度来看。

第一个维度的自私，是父母需要照顾好自己的身体需求，不能硬撑。

我认识一个母亲，两岁的女儿走路时要妈妈抱，她就自私地拒绝了，她告诉女儿：妈妈腰不好，抱了你腰痛，就不能工作，不能给你做饭了，因此你需要自己走，累了我们可以休息一会再走。此后，小孩就再也没让妈妈抱过。我问母亲，你拒绝两岁的宝贝孩子，会内疚吗？这位妈妈说：我不内疚，我要是倒下了，她不就更没人照顾了吗？我好，她才可能好。

有一个吃鱼头的故事讲母爱的无私伟大。妈妈每次都吃鱼头吃鱼骨头，把鱼肉留给孩子吃。孩子问妈妈为什么，妈妈就说自己喜欢吃鱼头。直到临终前，妈妈才告诉孩子，自己其实根本不喜欢吃鱼头！

世人解读：这母亲太无私、太伟大了。其实，她不知道孩子可能会为此负疚一辈子。妈妈委屈，孩子也委屈。这样的无私就很害人，父母也是人，有人的基本生理需求和精神需求，如果我们懂得照顾自己的需求，孩子就不用瞎猜，我们也不用委屈，亲子相处就会轻松很多。

第二个维度的自私，是父母需要照顾好自己的情绪需求，不要伪装。

心理学研究表明，父母的情绪状态是孩子身心健康的最重要基础，孩子出现频繁眨眼、爱发脾气、多动、注意力不集中、老走神、小动作多、上课不听讲、畏难偷懒等，很有可能都与父母情绪不稳定相关。

因此，父母首先要照顾好自己的情绪需求，学习做一个情绪稳定的成年人。人人都有情绪，都有宣泄情绪的欲望和冲动，但我们一直以来贬低情绪的价值，觉得情绪不好，这是不理性的，是缺乏自控力的表现，需要我们去克制去收敛，作为父母，就更不能在孩子面前展示自己的真实情绪了。

生活中常常有这样的情景：孩子看到妈妈在流泪，关心地问妈妈，而妈妈通常会掩饰。我们觉得，承认自己难过是不该暴露的表现；不能让孩子看到我们痛苦的模样。所有的痛苦砸向我，让孩子只感受快乐幸福，我要做一个无私伟大的母亲，因此我要么沉默，要么就伪装。

可是，你以为这样孩子就会开心，就会健康成长吗？当孩子觉察到你有情绪，而你顾左右而言他时，他们只会更加惶恐，尤其是稍微大一点的孩子，他们关心你，就一定是感觉到你的情绪。你不愿意说出来，就传递给他一个信号：我们不能同甘共苦，我们不能共同分享幸福和悲伤。这对亲子关系来说，是有很大伤害的。

另一种情形是，我们拼命伪装和压抑自己的情绪，有一天达到了极限，就会来场情绪爆发，要么大吵大闹，要么不理不睬、冷暴力。孩子会觉得莫名其妙，又惊恐万状、不知所措，从此，这孩子就可能变得小心翼翼，看人脸色，甚至开始变得讨好，他们沦为家长不懂得照顾自己情绪需求的牺牲品。

说到这里，有家长可能会问：我工作不顺利或者夫妻关系出了问题，心情很烦躁，难道就是自私？要将这些事都事无巨细地告诉孩子吗？不是。尤其是夫妻关系中的问题，一定不能把孩子卷进来，让孩子成为某一方的同伙。我们所说的自私，是可以坦言自己的情绪状态，合理满足自己的情绪需求，而不是将情绪包装掩饰，更不是情绪化地去表达。当我们知道并且承认自己的情绪时，就相当于释放了部分情绪压力。

我们可以这样说：妈妈今天遇到一些不开心的事，有些难受，我需要静静待一会，你自己先去玩会儿。或者说：爸爸今天很累，事情没有办好，有些受挫，我需要小睡一会儿，你自己先学习，晚点爸爸再来陪你。父母也是平常人，也需要休息，需要被关注、被尊重、被认同。因此，家长们要学习"自私"。

那么，怎么才能做到"自私"，这里给大家分享一个三步法。第一步，你要了解并告知对方自己的情绪状态，比如说我疲惫，我心情不好，我有点失望等。第二步，要去解读情绪背后的真实需要，比如我需要放松一下、需要休息一下、需要娱乐一下、需要被理解等。第三步，要合理地选择一些方式，来满足自己的需要。我们把这三步叫作自私的"三部曲"。例如，你可以去散步、泡热水澡、听会音乐、看部电影、找人倾诉一下。当父母们能够这样自私地照顾和满足自己的情绪需要时，孩子就是安心的；同时，孩子能够通过父母的行为，去学习处理自己情绪的方法。

听到这里，有家长朋友可能会说，如果是因为孩子不好好学习或者不听话，我才情绪化地愤怒责骂他，事后我又有些内疚。这种情况，我该怎么自私？

这种情况下的自私，我还是给大家一套三步法。第一步，你要做的是不内疚、不自责。这个世界没有完美的父母，也从来就没有不生气、不愤怒的父母，我们自责内疚也是没有用的，问题依然存在。我们要找方法。第二步，要转换角度来看问题。孩子遇到难题，反复讲了许多遍，他始终理解不了，让家长失望愤怒时，家长不能理解为孩子特别笨。我们可以这样想：孩子究竟是遇到什么困难了？是不是学习任务有点重了？孩子最近是不是有些疲倦了？还是孩子希望得到鼓励？这并不是孩子笨不笨的问题，只是学习新知识需要一个过程，当我们能这样转换角度去想的时候，就容易变得平静而有耐心。问题本身永远不是问题，我们怎么看待问题，才是最重要的问题。第三步，转换看法之后，你尽量平静下来，或者暂时离开一下，去喝点水再回来重新开始。

有家长可能还会疑惑：他就是始终学不会这道题怎么办？那就再次转换角度来看这个问题，现在不会，或许过段时间再讲就会了；这个知识点目前不会而已，不代表他将来也不会；就算将来不会，也没有关系，还有很多知识可以去学习掌握。

我读书的时候，地理怎么学都学不好，平时就考不及格。高考要考地理，我的老师好着急、好焦虑，天天去找我父母。我父母就这样说：没关系，就一门课，她以后长大了，见的世面多了，就能搞明白了。事实是，我现在绝对能分得清东、南、西、北什么的。

总之，父母情绪不稳定，孩子自身就很容易产生心理问题，因此父母需要自私地照顾好自己的情绪，成为情绪稳定的成年人，要付出，也要自私。

二、要说爱，也要说对不起

对大多数家长而言，表达爱并不难，不仅可以嘴上说爱你，也会通过送礼物、为孩子做事来表达爱。我重点说说，如何用肢体语言表达爱——答案是拥抱。

很多父母也许会不习惯拥抱孩子，小时候还可以，但当孩子长大到一定年龄时，父母就比较少与孩子有肢体接触了。这大概与中国文化有关。中国的父母比较内敛，情感通常藏在心里不表达出来，但事实上，肢体接触最能直接呈现亲子关系，所谓：皮肤是表达爱最好的通道。

14年前我助养过一个"5·12"汶川地震的孤儿，每年放寒暑假的时候，这孩子就过来跟我们一起生活。刚刚来家里的时候，这孩子特别拘谨怯懦。为了尽快让孩子融入正常的家庭生活，我和家里人达成一个共识：早上离家和晚上回家的第一件事，就是要去抱抱这个孩子，平时坐沙发上看电视，就牵着他的手，周末出门玩时，也会牵手搂肩。如此下来，眼见着这个孩子逐渐有了欢颜。

家长们应该也有过类似的体验：当孩子觉得委屈难过、压力大、不开心的时候，父母亲切地拥抱，温和地拍拍肩，甜蜜地拉手，或者击掌，这些动作都会让孩子觉得"我有依靠，我能被理解"。这会让孩子的内心，绽放出爱和力量来。

这种主动温暖的爱的表现形式能很好地缓解孩子的不安情绪。肢体上的亲密接触，不仅增加孩子的愉悦度，还能够增强孩子的自信心，让孩子的内心充满力量。

父母对与孩子肢体接触的公然拒绝，其实就是冷暴力。尤其是当孩子渴望和需要与父母有肢体接触来获得安慰和关爱的时候，冷暴力就更暴力了。

我见过有孩子因为考试失误，愧疚地去拉母亲的时候，被母亲一把推开。我还见过，孩子看到回家的父母、奔跑着扑上去时不巧摔倒了，父母却责备指责孩子：你瞎跑啥？

毫无疑问，这些言行虽然可能包含着父母对孩子的在意和紧张，但实际上会对孩子造成伤害。如果孩子长期处于这样的冷暴力之中，就会缺乏安全感，进而慢慢疏远父母，长此以往，会让孩子产生父母不爱自己的想法，不利于孩子自信心的树立。更严重的情况是，孩子可能还会留下心理阴影，这种阴影会伴随孩子的整个成长时期，甚至会影响成年后的生活，对以后的人际交往、个人发展，都会产生不利的影响。关于表达爱，我今天就只说拥抱这个点。

如果说表达爱还比较容易的话，那有时候表达对不起就真是很不容易了。

成年人因为要面子，或者因为保持做父母的权威感，或者因为自己没有学会道歉的能力，真正愿意认错、道歉的父母是不多的。

有些父母可能因为害怕孩子不高兴，或者自己内疚而去道歉的时候，反倒引发孩子更大的愤怒和失望。孩子会失望，通常不是因为没有好的生活条件，而是因为父母没能给自己树立一个积极正向的形象，没能给孩子传递力量感。

还有一类控制型父母的习惯想法是：你一个小孩懂什么，我吃过的盐比你吃过的米还多，我不会有错的，错了也要将错就错。

在这样的信念下，这类父母很容易去掌控孩子的一切事务，小到穿衣吃饭，大到择校交友，直至工作婚姻，都由不得孩子做主。大多这类父母固执于自己的正确性，从小就要求孩子绝对服从他，孩子不能有任何质疑，也不敢尝试，或者根本没有机会自己去做决定。

我认识一对父母，从孩子幼儿园开始，所有方向和细节都是由父亲决定的，连小时候梳什么头发都由父亲决定，在中学期间，由于父亲享受的优惠人才政策，全家不断迁徙，孩子频繁换学校，孩子不断去适应新学校、新班级、新生活，过着动荡的青春岁月。孩子恋爱了，父亲也以门不当户不对为由，活生生将其拆散。孩子最终愤然去了外地，自己成家生子，坚决不肯回来。父母想去帮着带外孙，女儿根本不理他们，说绝不让自己的孩子吃同样的苦，这个时候，父母才突然觉得自己仿佛做错了，也错过了什么。这对父母问我怎么办。能怎么办？你得先反思自己，真诚地去说句对不起，承认自己是第一次做父母，一定有说错的话、做错的事。但父亲坚持：就算我打她、骂她、冤枉她了，我也是她爹，我挣下的家业还不都是她的，她必须给我把外孙女带回来。事已至此，只能让人长叹一口气：愿意为儿女肝脑涂地，付出所有，却不愿意说一句对不起的父母，一定不止这一对。

事实上，对不起三个字是极具治愈力量的。说声对不起，道歉的人可以放下一些愧疚，接受道歉的人因为感受到被尊重，可以重新开启关系。那些常见的家庭冲突，如果有人愿意率先道歉，并且善于道歉，就不至于走到最后开战或冷战的局面。

你可能会问我：应该怎么道歉？我推荐两种模式给大家：第一种是表达歉意模式，就是说对不起，再加上具体的行为和影响；第二种是承认过错模式，不仅要说对不起、我错了，而且要深挖造成错误的原因。

三、要倾听，也要共情

（一）倾听

一些家长说：孩子不愿意和我们交流。这些家长难道不应该想想，和孩子交流的大门是怎样关上的？

当孩子分享自己遇到的异闻趣事或者困难挫折的时候，孩子要么是满心欢喜轻松愉快，要么就是渴望关注期待同频的。此时，父母往往是评判并且进行有错推定：你要么没认真听讲，要么就开小差了。父母的随意评判、批评、指责带来的结果，就是使得孩子心灰意冷、备受打击，他们不再愿意分享，甚至还会产生对抗情绪。

大量的调查显示，家长们在倾听孩子说话的时候，容易出现这三种错误方式：第一种是选择性倾听，就是只听自己想听的部分。第二种是不恰当打断，根本没有耐心，没听完就打断，传达的信号就是我不想听了，你别说了。第三种是批评性倾听，就是边听边瞎断言，而且传递的信号都是负面的指责，有错的推定。没有真正去倾听，导致和孩子交流的大门关闭。

有家长可能就会问了：怎样才算真正的倾听？其实有三个维度，即知、情、意。知，是什么信息，听孩子在和我们说的是什么事，什么内容；情，是讲情绪和情感，是要听孩子有什么样的情绪流露；意，是讲意愿，是要听孩子所说的话的背后，隐藏了什么样的内在需求。其中最为重要的是情。如果我们不能参与孩子的情绪，不管喜悦还是悲伤痛苦，我们都不能和孩子同频共振，也就无法去了解孩子的内在需求，听不到孩子内心情感的表达，讲再多都是没有用的。

这里给大家推荐四种有效倾听的回应方法。第一种是简短鼓励法，简短回忆，鼓励孩子可以继续说下去，或者是说更多一些。第二种是深入细节法。

当我们对细节有了进一步了解之后，我们可以问：后来又发生什么了？第三种是关注感受法。如果想要更清楚对方的一些感受，我们可以这样问：当时你的感觉怎么样？你当时是不是很难过？第四种是探寻观点法。从孩子的想法入手，比如我们可以问：你是怎么想的？你怎么看这件事？很多高三的学生在择校和选择专业的时候会很迷茫、很焦虑，采用探寻观点法就能很快帮助他们突破困局、找到答案。

（二）共情

亲子沟通，重要的不是父母说了些什么，而是孩子感受到什么，理解了什么。因此要倾听，在倾听时，情又最为重要。这个情，除了情绪和情感，也有共情的意思。

共情就是体验别人内心世界的一种能力，也叫同理心。共情而不是同情，因为同情会让孩子觉得自己很不幸、很悲惨，会觉得自己很委屈；共情也不是怜悯，怜悯别人，多多少少带有一些优越感，这会让孩子觉得自己很卑微；共情也不是悲悯，悲悯往往会让人产生一种我是拯救者的感觉，这会让孩子觉得自己很无能、被轻视。共情，我们通常讲的是感同身受，就是说：孩子，我很关注你，我知道你很难过，很不容易，但是你不孤独，我会陪着你。

已故的戴安娜王妃就善于用充满同理心的方式与人相处。曾经，戴安娜王妃去看一个芭蕾舞童星艾迪。12 岁的艾迪患了骨癌，需要截肢，这就意味着，她不能再跳舞了。戴安娜王妃到医院探望时，她先是把艾迪搂在怀里，这就是我们提到的：拥抱是爱的信号。然后她这样安慰：好孩子，我知道你很伤心，你想哭就痛快地哭，哭够了咱们再说。这个女孩子一下就泪如泉涌，自从她确诊，什么样的安慰话都听过，但是当时没有人真正地感受她的情绪，唯有戴安娜的这份同理心，戳中了她的泪点，发挥出区别于他人的爱的能量。

因此，倾听时的共情是一种理解孩子和正确反馈的能力，它往往能够带出信任感和亲密感。反之，非共情的方式，比如批评、指责、吼叫、训斥、打骂、纠正等，只会让孩子固执反叛或绝望。

四、要夸奖，也要接纳

（一）夸奖

夸奖孩子，表达的是父母对孩子的认可，被认可是我们每个人都渴求的，这也是孩子成功的原动力。有很多父母表示，在孩子小时候，还能比较自如地表达肯定和欣赏；但孩子长大后，我们就说得少了，觉得不用或者不值得说，或者担心这样说孩子会骄傲。更严重的是错误的夸奖。有两种比较典型的错误夸奖的方式，我给大家分享一下。

第一种错误是空泛且夸张。比如，孩子吃完饭把碗刷干净了，你就夸他太能干，那就意味着，他以后不喜欢能干了。再说，就洗个碗的事，也用不着这样地夸。更为严重的后果是，孩子容易对自我行为的认知产生偏差，如果以后他遇到类似的情景，别人没有反应，那孩子不仅会失望，还可能对对方产生不满和愤怒。

第二种错误是评论并加上不恰当的标签。比如，孩子这次考了好成绩，就说他好聪明，他真是天才，那就意味着：下次他如果没考好，他就是笨，就是蠢蛋了。评论并加上不恰当的标签，尤其是天才、聪明绝顶这一类，很容易给孩子带来焦虑，导致孩子忽视努力。优秀本来意味着专注和努力，意味着执着的过程，而不是所谓的天赋。

有的家长会问：那我究竟应该怎么夸奖孩子呢？推荐以下四个方法：

第一种方法是及时法，发现孩子的每一个闪光点，立马说出来，不放过孩子每一次良好的行为表现。例如，你做事好麻利，才用了三分钟就把自己收拾妥当。

第二种方法是描述法，就是描述你所看到的和你所感受到的。比如，你把学习资料都分了类，贴上了不同颜色的标签，这样找资料一定又快又方便。

第三种方法是先抑后扬法，在批评孩子、指出缺点的同时，也要肯定孩子的优点。先说优点，后说缺点，会让孩子离开的时候情绪是低落的。反之，先说不足再说优点，让孩子最后听到的，是肯定和鼓励，就要积极很多。

第四种方法是间接术，就是借别人之口来夸孩子，会更真实可信。比如我们会说，我今天听某某的妈妈说，她今天见你上台发言了，直夸你条理清晰，落落大方呢！那孩子听了一定很开心。夸奖孩子是一门技术活，鼓励各位家长朋友多学多练多用，一定能收获意外的惊喜。因为每个孩子内心深处都渴望着父母的夸奖。

（二）接纳

接纳的意思是，我接受你就是这样的，我承认你就是不完美的。

父母对孩子的爱是与生俱来的，无论孩子是否外表出众，是否听话乖巧，是否成绩优秀，仅仅因为他是你的孩子，你就会爱他，这就叫接纳，即无条件的爱。

我们知道，父母的接纳会奠定孩子一生的幸福。在完全被接纳中长大的孩子，他们更容易有良好的自我价值感和安全感，进而更容易发展出自信力、自助力、社交力、领导力等。无条件地接纳，让孩子懂得，不论他们的言行举止怎样，不论他们犯了多大的错误，不论他们成功或失败，父母都会始终如一地爱着他们。他们才会因此找机会去改正错误，在错误中去学习和成长；无条件地接纳，让他们知道在父母心中他们是无价之宝，他们的价值并非取决于他们的表现有多好，而只是基于这么一个事实——因为他们是父母的孩子。

但是，有些父母是不能接纳孩子有不足或者有让父母不满意的行为表现，这些父母不知道，自己的不接纳，正在破坏亲子关系。孩子一旦达不到父母的要求，父母是不是就不爱他了呢？这是一种对孩子有期待的交易式的爱。孩子会觉得，父母的爱是要通过自己的努力和很好的成绩表现才能交换得到的，因而他们可能会变得紧张、害怕犯错、畏首畏尾、患得患失，很担心自己没有做好，就惹父母不高兴，甚至失去父母的爱。

因此，没有接纳会造成孩子巨大的心理压力。重压之下，孩子怎能改变和突破自己？倒不如接纳孩子令人不满意的成绩，依然表达对他不折不扣的爱，孩子反而更愿意努力学习去挑战自己的极限。

五、要陪伴，也要享受陪伴

（一）陪伴

一些家长平时陪伴孩子做作业时，往往自己在一边打牌、聊天或看电视、刷手机。曾经有教育专家指出，即使家长有足够的时间和孩子在一起，但如果缺乏有效的沟通，没有百分百的关注，都不算是真正的陪伴。你要知道，陪着不等于陪伴。

那么，什么是真正的陪伴呢？有三个关键点分享给大家。

第一点是父母要全然放下手机，暂时忘记生活和工作的事情，让身心一致，专注认真地陪孩子或者和孩子互动交流，或者静静注视，默默关注。绝不看手机、不看电视、不看报纸，什么都不做。我孩子初中时经常这样要求我，每天认真陪伴他 20 分钟左右之后，孩子就会说，妈妈你去做你的事吧，我好了。这是什么意思？是她受到了我全然的关注，她确认了我的爱始终在，她的内心得到满足，她紧绷的神经得以放松，也就意味着我的陪伴到位了。高质量的陪伴，需要的不是时长，而是品质。

第二点是平和。在陪伴孩子的过程中，父母一定要保证情绪尽量平静温和，不能因为心情不好，就把气撒在孩子身上。心理学研究发现，孩子的创伤，多来源于情绪不稳定的父母，如果你生活上有不顺心或身体不舒服，你要先去满足自己的身心需要，而不能为了完成对孩子的陪伴，但又难以控制情绪，对孩子发脾气。

第三点是多样。父母陪伴孩子的方式是多种多样的，比如，我们可以一起去图书馆，可以和孩子一起去跑步，可以和孩子一起去旅行，还可以和孩子一起，去学各种好玩、时髦的玩意儿。

（二）享受陪伴

我认识一位企业高管妈妈，出差非常多，每次出差之前，她都会提前写好几封信，标好序号放在门卫，请门卫一天一封交给孩子，让孩子知道，妈妈虽然不在家，也是陪着我的。那些曾经写给女儿的信装满了一纸箱，女儿结婚的时候，她搬出一大箱子书信来，感谢母亲给她的陪伴和爱，场面让人很感动。

我对于这段话特别认同：陪伴不是陪同，不是看管，不是单纯的物质满足，更不是说教和监督。陪伴是一种温暖人心的力量，一种给人依靠的信赖。陪伴是要全身心地建立起与孩子沟通的桥梁，分享他的苦恼、困惑、快乐以及悲伤。很多父母在一定程度上做到了陪伴，但是自己内心并不享受这个过程，无聊烦躁的情绪会时有流露，甚至认为耽误了自己的时间，他们根本没有意识到：其实需要好好品味和享受这个过程。

我们的孩子不会一直是孩子，他们会长大，会离开家去远方，留给你的，只是远远的背影，那个时候你再想要和孩子在一起，已时过境迁。到那个时候，孩子有他想要去陪的人和想要陪他的人，哪里轮得上我们当父母的。

我现在真的很怀念我孩子小的时候，被他全然地需要、被他独爱。女儿们小时候因为成天黏着父亲，会说长大以后要嫁给爸爸。儿子们小时候因为成天黏着母亲，会说长大后我要娶妈妈，那是真正的陪伴，是很幸福的时光，可惜很短暂，因此各位需要好好珍惜，好好享受。

爱尔兰诗人罗伊克里夫特，他写过一首题目为《爱》的诗，我常常用这首诗的感觉，来诠释享受陪伴的原因和过程。诗人在诗中这样写道："我爱你，不光因为你的样子，还因为和你在一起时我的样子。我爱你，不光因为你为我而做的事，还因为为了你，我能做成的事。"家长朋友们有没有发现，我们在陪伴孩子长大的时候，孩子也在成全我们、成就我们，让我们成为更好的父母。陪伴，是利他也是利己的事。在诗的最后，诗人这样写道："我爱你，因为你能唤出我最真的那部分，我爱你，因为你穿越我心灵的旷野，如同阳光穿越水晶般容易，我的傻气，我的弱点，在你的目光里几乎不存在，而我心里最美的地方，却被你的光芒照得通亮。"我太爱这首诗了！孩子就是我们人生的一面镜子，照出我们的无知和怯懦，也激发出我们的无畏和勇敢。这样的过程就是生命成长的本身，享受这样的过程就是享受生命。我们和孩子本来就是相互陪伴相互滋养的，我们是通过爱孩子而爱着我们自己，爱着我们的生命的。

我们一起来回顾一下这一讲的主要内容。我们分享了五点：第一点要付出也要自私；第二点要说爱，也要说对不起；第三点要倾听，也要共情；第四点要夸奖，也要接纳；第五点要陪伴，也要享受陪伴。每一点都有价值观的传递，也有方法建议的分享，是成长必备的智慧和能力修炼。

父母是孩子的第一任老师，是任何角色都不能替代的，不管在身体发育、知识积累、人格形成、社会交往以及人生观价值观的建立，父母都给予了孩子促进作用。同时父母努力学习，不断成长，也是孩子终生的榜样。

我负责任地告诉大家，在你们持续学习和践行的过程中，你家女儿将婀娜长大，你家儿子将翩翩长成，而不断成长的你们，也必将成为更好的自己。

■家长精彩评论

①
　　父母应该是孩子合格的倾听者、孩子合格的好朋友、孩子合格的模范。当然，也应该是孩子合格的家长。随着时代的变化，家长们渐渐懂得了"高质量陪伴"的重要性。这话已经不是说说而已，而是要付出实际的行动。

②
　　该如何搭建起适合自己和孩子的相处之道呢？也许这是成长过程中一直探寻却找不到正解的问题。通过学习，最大的受益就是自我治愈、自我疗伤，平衡我们做父母的内心，让我们继续强大！

③
　　"第一次当父母"不应该是借口，父母和孩子都应该一起学习，一起成长，教育之道，爱与榜样，除此无他。

第五讲

从家开始，与孩子一起
做有家国情怀的人

■主讲人

叶德元，全国模范教师，全国十佳最美教师，全国基础教育先进个人，成都市特级教师。

■金句精华

1. 教育不是家长把情绪发泄完就完了，而是家长要给孩子方法。

2. 除了优秀传统文化，家国情怀还包括时代精神。

3. 我们要过有仪式感的生活，要先让我们的家庭拥有仪式感。

■演讲内容

什么是家国情怀？家国情怀的基本内涵是家国同构、共同体意识、仁爱之情。理解这个概念，似乎没有那么容易。仁爱之情还能懂得一点，就是教育孩子要做一个有爱心的人，另外两点是什么意思呢？

我们国家对家国情怀有一个实施途径的建议：个人修身。这就好理解了，比如，我做一个文明礼貌的孩子，做一个拾金不昧的孩子，那就有家国情怀。

现在很多人看到有人过马路需要帮助，即使这个人是盲人也不敢扶，心里就会很纠结：那是真的还是假的？看到有人在乞讨，我们也不知道该不该给，疑惑那是真的还是假的？不知道该如何给孩子做解释，如果不给，但可能是真的，我们的孩子就会变得很冷漠；要是给，又觉得孩子那么小就被欺骗了也不好。这些在考验家长是不是一个有情怀的人。

关于与孩子的亲情，一些父母感觉孩子越长大越冷漠，特别到了中学以后。回家后，你本来很热情地关心询问孩子在学校的情况，孩子却嫌烦说累，啥也不想说，让家长觉得很失落、很难受。关于与孩子的沟通和交流，我当了 18 年的班主任，经验告诉我，一定是谁跟孩子沟通得好，谁的亲子关系就好，而且这样的孩子，成长绝不会差，当然，所谓的差与好，绝不能单单用分数来衡量。

有一些家长不明白这背后的道理，我讲一个真实的故事。

既然讲的是家国情怀，我们就从家的角度切入。我们班的一个家长，他的孩子在初一的时候，为培养孩子的学习习惯，老师要求作业做完后，家长得在旁边签字。没有要求家长检查作业的质量，只是家校合作，证明孩子今天晚上努力学习了。有个妈妈一直不签。一个月后，我就给她打电话，了解原因，妈妈反馈说：不是我不签，是我女儿觉得我的字写得太丑，觉得丢脸，她不准我签啊。为此，这位妈妈还表示：她准备去报书法班，就为练好自己的签名，花一个月的时间练习，练好了就签字。一个月过去了，可还是没有签字，我再打电话了解情况，结果这位妈妈如此反馈：我觉得我的签名练得不错了，书法老师也说写得好，但我女儿还是觉得很丑，不让签名；我已经想好办法了，去刻个章，我用盖章代替签名吧。我告知这位妈妈：问题的症结不是你的字好不好的问题，是你跟女儿之间的亲子关系出了问题！你看，连关键的问题都没有找到，我们只是发泄情绪，只是指责孩子，一点用都没有。教育一定不是我们把情绪发泄完就完了，而是我们要给他方法，这才是最重要的。

还有种途径是心怀天下。我觉得，对于现在这一代孩子，你会发现比我们更爱国，我们自己也越来越爱国了，这是因为，我们切身地感受到，现在生活很好，我们的国家很好，我们的党很好，整个社会大家都在共同努力。

一、家国情怀的内涵：优秀传统文化与时代精神

（一）优秀传统文化

家国情怀的背后体现了两种精神，其中一种就是优秀传统文化。比如民族精神、爱国主义、乡土观念、天下为公等，这些都叫家国情怀。举个例子，孩子哪一刻会让我们觉得他特别有情怀，让我们特别感动？你到武侯祠去参观，小孩给你指着石头上刻的字，告诉你：妈妈这首诗我会背。你是不是很惊讶，听到他背诵，你会不会很激动，自豪于我的儿子或女儿好有情怀。这得靠学习，不学习是不会有情怀的。

所以学习真的非常重要。我经常告诉孩子：学习的意义，在于有一天你会发现很多东西和你相关，你会觉得很感动。如果你没有学过这首诗，你和孩子去参观人文景点，走一圈就走一圈，什么都不懂，哪来的情怀和感动？

记得 2012 年我第一次一个人去中国国家博物馆，特别感动，我是教历史的，看着那里的每件文物我都激动，全是书上见过的。其中有一件文物让我特别感动，就是成都出土的说唱俑。我在教材上无数次地看过它，无数次地给学生讲，那天我终于见到本尊了，激动得很，就想拍个照，赶紧找了个北京大妈帮我拍照，大妈估计不太懂历史，她显得很惊讶，很不理解我的心情。

也许你接入的那个点就在这里，就是家国情怀。

（二）时代精神

孩子喜欢看历史，喜欢看优秀传统文化，当然是没有问题的，但不限于此。除了优秀传统文化，家国情怀还包括时代精神，比如我们的民族凝聚力，

我们构建幸福的家庭，我们增强每一位同学的公民意识。

我每天上下班经过的十字路口，偶尔会有人闯红灯，但我一直没有发现穿校服的孩子闯红绿灯，我觉得这就是教育的力量，说实话，我作为一名教育工作者，还挺感动的。我们要相信，我们的孩子会比我们更懂得去爱我们的国家，更懂得珍惜今天的幸福生活。

二、家国情怀的具体化：好好过日子

要培养孩子的家国情怀，我给大家的第一个建议——好好过日子。为什么这样说，因为有的时候你都不知道孩子在想什么、在做什么，你永远找不到教育的点。今天的孩子非常讨厌的一样东西——说教，很讨厌你去跟他讲道理，所以我曾经说过，最好的教育是不留痕迹的，而我们的很多教育方式是有"套路"的，先要骂，显示我的威严，而后再诓：骂你是为你好，对你还抱有希望。现在的孩子很聪明，都知道这叫"套路"。

我曾经习惯于给学生讲道理，但后来发现，孩子已经把你看明白了，这种教育方式没有多大意义，后来我干脆换一种说法，就是好好过日子。

你跟你爱人怎么过，你就跟孩子怎么过，日子就是这样过出来的。比如老师跟学生聊天，不一定为聊而聊，他今天做清洁，就和他一起做，边做边聊，相比老师喊他到办公室来聊，是不一样的。因此我们要找契机。

第二个建议，好好地陪着孩子过日子，且要是高质量的陪伴。

第三个建议，好好地陪着孩子，过有温度的日子。什么是有温度？我们既然要让孩子做一个有家国情怀的人，我们自己就要成为一个有家国情怀的人。要求孩子具有的品质，我们就要先问自己有没有，我们要做给孩子看，言传没有身教的效果好。

我想问问，有多少父母，会关心孩子的周一升旗仪式？有没有看过孩子的课本《道德与法治》？是否知道书里的定义：什么是公民，什么是爱国，什么是爱家，什么是素养？

家长应该跟学校的教育配合起来，将学校教育延伸到我们的家庭教育，去找话题，去聊孩子感兴趣的东西，甚至有时候在孩子面前示弱，让孩子也当老师。

今天，国家已经很明确地提出，孩子培养的目标是成为全面发展的人，核心素养包括：文化基础、自主发展、社会参与，其下面有六个层次：人文底蕴、科学精神、学会学习、健康、有生活责任担当、实践创新。我们就是要培养具备这些素质的孩子。

现在的考试中，地理题考的是台湾油轮挡住苏伊士运河带来的影响。历史题考的是武汉精神：一是考抗日战争的武汉会战，那是抗战精神，二是考抗疫，考的是素养，即家国情怀。不管是出于功利角度应对考试，还是培养一个全面的人，家国情怀都是非常重要的。

各位家长，我们要过有仪式感的生活，要先让我们的家庭拥有仪式感。

我最喜欢讲 1982 年以后的历史，因为前面的历史我都是在书上了解的，但是 1982 年以后，我自己每天在生活，在观察这个世界，随着我年龄的增长，我的观念在改变，我可以把这些东西分享给我的孩子、我的学生，这是件多么有意思、有趣味的事情。

在我女儿一岁多的时候，我有次带她到成都博物馆，让她看到了她人生中看到的第一件文物，它的名字叫何尊，为什么它很重要？何尊的底部铭文里有两个字，这两个字是迄今为止我们知道的、最早的"中国"。虽然她现在不懂，但以后我可以给她讲，我觉得很重要。

我觉得我们要去做这样一个人，当生活给了我们机会去铭记这段历史、去印证这段历史的时候，我希望自己在现场，以后才能把这种经历告诉给孩子。我们不仅是历史的学习者，还是历史的见证者，更是历史的创造者。我希望我的学生也能够去做这样的事情。

回忆我人生这 40 多年，我觉得最骄傲的一个瞬间，是我作为一个普通老师，两次很幸运地现场观摩了天安门大阅兵，一次是 2015 年的抗战胜利 70 周年，另一次是 2019 年的新中国成立 70 周年，作为普通的一线老师代表，我觉得很感动。

家国情怀一个很重要的环节，是我们要胸怀天下，要去看这个世界，要去感受美好的祖国。各位爸爸妈妈要培养这样的能力，孩子小的时候，不仅要会讲故事本身，还要会解读、延展故事。要讲好历史上、生活中那些人和那些事，以及他们背后的精神，从每一个故事里提取精神，这不是说教，这是讲故事。

管鲍之交，不计前嫌；晋文公退避三舍，这叫恪守承诺；楚庄王一鸣惊人，这叫雄心壮志；越王勾践坚持反思、卧薪尝胆。随着时代变化，故事的精神内涵也要相应变化。有些东西你该舍下就得舍下，该忘记就得要忘记。即使孩子现在可能还听不懂这些历史故事，历史人物也是可以给他很多启示的。

同时，要讲我们的优秀传统文化，但不能仅仅让孩子们把那些东西变成具体的知识。

我们不敢说自己要成为多强大的人，但至少我们的眼界、我们的视野、我们的胸怀，一定要非常宽广，才能够知道那么多的可能、那么多的精彩，我们才可能成为有情怀的人。

在余秋雨《中国文化课》中写了这么一句话：文化是一种成为习惯的精神价值和生活方式，它最终的成果是集体人格。四川人的文化是什么？喜欢吃，那就是集体人格。我们的家风不是看你说了什么，而是看你做了什么，这才是最重要的文化。

三、培养孩子家国情怀

培养孩子家国情怀，家长要做些什么？我提几点建议：

第一，我觉得家长要先正确地认识教育的目的是什么？我觉得，教育不仅仅是学知识，刚才我已经说了家国情怀的内涵以及背后的情感，这才是我们去培养孩子的最终或者说更高的目标。我们培养的绝对不是读书的机器，对于我们现阶段的孩子来讲，更重要的是习惯。别让孩子的成绩掩盖了孩子的习惯，这是句经典的话。

学习与教育的最终目的是什么？是培养孩子的习惯，培养孩子的能力，培养孩子的情感，我们培养的绝不是读书的机器，现在在"双减"政策背景下，我们怎样让孩子成为可以脱颖而出的人？学习是终身的能力，我们的孩子要培养的就是他良好的学习习惯，能够不断去接受和挑战新事物的能力。

这同样是情怀，是个人修身。

第二，明白学习的最终目的后，我们需要帮助孩子去认识：学习的意义到底是什么。刚才我说的感动这个词，是因为似曾相识。当你看到了一件文物，当你看到了一些你喜欢的诗句，当你在生活中遇到了或发生了类似情感，它们在你的学习中曾经遇到过，你就会产生一种生活与学习之间的链接，那一刻，你之所以觉得自己感动，之所以觉得有情怀，是因为你学过。你才会觉得：原来生活是这么美好的一件事情！所以请各位爸爸妈妈停下脚步，带孩子一起走进生活，走进历史，这是有意义的。

第三，要过有仪式感的生活。举个简单的例子，我国有那么多的传统节日，现在有些人却没有好好地过。

不管是学校还是家庭，都应该去考虑有仪式感的生活。比如春晚，无论你喜欢还是不喜欢，它就是仪式。其实，我们的家庭也可以营造仪式感，在大年三十晚上，可以来场家庭颁奖典礼、家庭年终汇报之类的活动。孩子做个年终汇报，说一下这一年学习有什么进步；爸爸、妈妈做个年终汇报，说一下工作有什么成就；爷爷、奶奶做个年终汇报，说一下身体保健有什么收获。我们还可以写春联，可以搞原创春联大赛，让孩子们觉得很好玩，这才有气氛和吸引力。有仪式感的生活很重要，我在想，我的孩子不喜欢过节，就是因为他不知道怎么玩。

我曾经在班级组织过传统节日活动。从腊月二十三到正月十五，我教孩子们每一天怎么过。腊月二十三晚上，我们班孩子祭灶王菩萨，这里面寄托着中国人的情怀；腊月二十四早晨做清洁，我们小时候还要打扬尘，还要把窗帘拆下来洗，现在不需要了，但你至少要让孩子把书桌收拾干净。你要教他，他才懂得怎么过。

春节还可以做的一件重要事情，就是走进我们周围的家庭，去看看有老年人、中年人、年轻人的三组家庭，他们的生活变迁。让孩子通过国家、民族、家庭的生活的变迁，去感受今天我们物质文明和精神文明的进步。这很有意思，也是在拉近亲子之间的沟通和交流。

跟孩子讲一讲我们自己家族曾经的荣耀、曾经的历史，这是多么有情怀的一件事情。我们这一代人中，一些人已经遗忘了很多传统了，比如辈分，都叫不清楚了；你们家的家谱是怎么写的，能不能够把它找到，如果没有了，可不可以从我们现在沿着往下写？这些都是很有意思的事情，不妨让我们的孩子多去了解一下。

走进家庭，走进优秀传统文化，走进博物馆，走进家乡，走进我们身边的每一个人，这都是我们可以去做的事情。希望家长们能在周末或节假日，给孩子一些这样的高质量陪伴。

关于我们的地方戏，在我们的优秀传统文化中，四川人的风趣幽默就是一种家国情怀。对于青铜器你不仅能看出点门道，甚至你还能跟外国人讲点门道，这也是家国情怀的体现。

感动，是因为似曾相识，很多有仪式感的生活，孩子一旦被触动内心，你不让他写他都要写。我带我们班的学生做很多活动，孩子一定是有感而发，有感就马上写，不能够隔夜，不能够编。在过去的 18 年中，我组织学生开展了 400 多场活动，其中每一个活动现场的学生，他们的感想不需思考，但不限字数，一定是最真实的。之后我帮他们一条条整理，全部发到网上。其实这也是一段历史，等到他们以后老了，去看自己所写的东西，似曾相识的温馨也是一种家国情怀。他们会发现在原来年轻的时候，他们是这样想的。想法虽然稚嫩，但是保留了青春中所有的一切，留下了美好的记忆。

第四，以身作则。我们所有的家长要带着孩子一起，去当有温度的人，去过有仪式感的生活，我们一起去放眼世界，心怀祖国，心怀感动，脚踏实地。

我经常说，如果我们想让自己的孩子懂孝道，我们对父母就真的是要孝顺。这些，孩子是看在眼里的。虽然有的时候我不善于表达，我觉得我还是一个很孝顺的人，我这一辈子永远都记得，我奶奶瘫痪了 8 年，我的爸爸妈妈在床边整整守了 8 年，那 8 年里，奶奶的头发都是我爸爸亲自剪的，对于我，那就是最好的教育。我觉得我以后就应该成为我父母那样的人。

我们希望自己的孩子能够心平气和，那我们自己就要做到心平气和，我们不能遇到事情，就歇斯底里，千万不能把工作情绪带回到家里。

刚才我还在跟几位老师交流，说我现在感到累，感到非常辛苦。但是，哪怕我早上 7 点上班，晚上 9 点才离开学校，从早到晚这 14 个小时我一分钟都不停，但是，我保证晚上 9 点回到家后，不开电脑、不玩手机，这段时间一定是陪我女儿的。虽然时间很少，但她 10 点要睡觉，我只能陪这一个小时。每天这一个小时，加上周末两天，一定是专注地陪伴她。我觉得这样的陪伴她，一定是有意义的，也是有效的。如果晚上我还有事，只有当我女儿睡了，我才会赶紧打开电脑再完成。

由此，我们可以跟孩子一起，去做对生活充满感动、心存感激、拥有情怀的人。

■家长精彩评论

① 放眼世界，心怀祖国，脚踏实地，常怀感恩。希望每一对父母都能有如此育儿格局，让孩子们都能成为温暖有情怀的人。

② 深入浅出地指导，让我们从家里的每一件小事做起，修身齐家。

③ 家是最小的国，国是千万的家。心中有家的孩子温柔绵长，心中有国的孩子情深义重。我们要言传更要身教，不以善小而不为，让家国情怀在一件件小事中自然形成。

第六讲

如何应对孩子偏差行为

■主讲人

商雪梅，成都开放大学家庭教育学院副教授，四川省终身教育骨干专家，四川心理学会应用心理专委会副主任。

■金句精华

1. 问题本身不是问题，处理问题的方式往往会成为问题。

2. 父母要接纳所有发生的一切。这种接纳不应该是有条件的。

3. 父母对孩子的期待应该是合理、客观的，是尊重孩子意愿的，父母要培养孩子的抗挫力。

■演讲内容

从概念上来讲，偏差行为就是违反一定社会准则、价值观或者道德观的行为。纠正孩子的行为，本身是家长的职责所在，只是我们在纠偏的行为过程中，往往执着于纠正孩子的行为，却忽略了偏差行为背后的真相。孩子的偏差行为好像是冰山一角，我们只看到其中的一部分，其实，偏差行为背后还有孩子的感受、认知以及需求。如果说我们把冰山下面的那些内容看透了、搞懂了，再去指导孩子的行为，就势必能够事半功倍。反之，则有可能会带来一些不可逆转的后果。

一、孩子偏差行为的表现

我们先来厘清所谓的偏差行为的表现。比如，孩子出现了厌学拒学现象，这是所有偏差行为里面让家长头疼的事情之一。就这种行为而言，还有学业困惑、学校焦虑、学习缺席等，其实都在表达：孩子不想去上学了。在校正常上学的孩子，也可能会出现一些其他的行为，比如与同学、老师、父母相处的时候，会出言不逊，会出现非常狂躁的一些言行，让人觉得不懂事；也有一些孩子，总是比较暴力，寻衅滋事，一言不合就拳脚相加，恶语相向；还有一些孩子，不自主地去拿别人的东西，购物时想方设法地不付款；此外，还有一些孩子表现得非常懦弱胆怯，不愿与他人相处，甚至自我伤害；有些孩子不正常吃饭；有些孩子出现作息紊乱、黑白颠倒等。让家长普遍头疼的行为就是，孩子除了玩手机、打游戏，就不与这个真实世界进行链接了。所有种种都是家长眼里的偏差行为，这些偏差行为的背后，隐藏着很多危机。

亚洲教育论坛曾披露：现在的中小学生中，情绪障碍的检出率是 26.4%，每 5 个孩子就有 1 个受到情绪障碍困扰。我们不能够单纯地用医学来解决问题，教育更加重要，而家庭教育更是不能缺位的。

在生活中，我们看到的似乎只是孩子不听话，其背后很可能是他正被情绪障碍所困扰，在向我们呼救！但是，一些家长却不得而知。今天我更多地想从客观事实的角度，来看行为背后到底有些什么样的源头，而不是教给大家什么秘招去收拾孩子。

二、导致孩子出现偏差行为的因素

总体上，导致孩子出现偏差行为的因素包括以下三个：

第一，个体因素，即孩子的人格特征。这是先天注定、基因自带的，性格决定命运就是如此。当然还有个别孩子是因神经发育的问题，特别是在早期成长过程中，如果受过一些创伤，或遭遇不好的代养方式，会影响神经发育。再者就是一些病理性的因素，比如孩子确实就是生病了，无论是心理上还是身体方面的疾病。

第二，社会因素。大家都不可否认，现在孩子的学业压力的确很大。对此，好多家长或许不能理解，以为扩招了，升学就没那么难了。应该说，现在的孩子上大学，比我们当年容易了，学习条件、生活条件也比我们当年优越许多，这的确是事实。但是，我们扪心自问：无论是社会还是家长，对孩子的期待是更高了还是更低了呢？

今天，很多家庭的孩子多数是独生子女，三代管1个孩子，6个大人都在期待孩子；社会不断发展，社会的高期待压力是不可否认的事实。再加上还有一些社会文化影响的存在，我们会觉得一个人必须得成功，一定要成为精英，一定要杰出，不成功，你的人生就是失败的。受这种成功学的影响，我们的孩子会出现行为偏差。当然，一些不良的同伴关系也会对孩子产生影响。我们常看到有关校园暴力、校园霸凌行为的负面报道，甚至为此制定了一些相关法律、法规去防范。那些遭受校园霸凌的孩子，内心孤独、恐惧、无助，他们很难去面对生活现实，这的确是非常痛苦的。

因此，如果孩子不能够建立稳定健康的同伴关系，不能从同辈资源中得到支持，就很容易出现偏差行为。

当然，还有一些环境的压力。我们所处的环境，其实无时无刻不在给我们传递着信息，比如，孩子转校到新环境，周围同学衣食住行体现的家庭环境差异，会对他产生冲击。

第三，家庭因素。我们常常说教育多元化，包含家庭教育、社会教育和学校教育，但我个人认为，家庭教育是其中最重要的，家庭教育是孩子的土壤。习近平总书记指出："家庭是人生的第一所学校，家长是孩子的第一任老师。"这充分说明了家庭对于一个孩子成长的重要性。

家庭之中，难免会出现父母关系的冲突，而父母关系的冲突，基本上是绝大多数孩子出现偏差行为的背后原因。家庭中也会有一些代际的冲突。祖辈与孙辈、父母和祖辈之间难免会有一些冲突矛盾，这些矛盾都会毫无遮拦地暴露在孩子面前。家庭还会出现一些隔代抚养的问题，无论是父母还是祖辈，在教养孩子的过程当中，核心的养育方式都可能不当，从而让孩子产生偏差行为。

总结起来，个体因素、社会因素和家庭因素，是造成孩子偏差行为的三大因素。

接下来，我们来探讨，为什么孩子会出现一些这样的偏差行为。孩子的情绪和动机永远都不会有错，只是方法是否有效而已。孩子出现偏差行为，他到底有什么目的？我想，目的应该有三个。

第一个目的是寻求关注。因为家长没有关注到孩子，对孩子视而不见，孩子哭了、闹了，仍然被忽视，没有让孩子满足人类最基本的需求——归属感。于是孩子要通过偏差行为，让父母看到自己。第二个目的是要获得权利。许多父母对自己自信，对孩子却不放心、不放手，老想代替孩子做决定。在这样的环境下，孩子感觉做不了主，没有自己的权利，于是，通过偏差行为，来争取自己说了算的权利。获得权利的目的，同样也是为了获得归属感，为了感觉自己被认可了，被接受了。第三个目的是我们最不愿意看到的——报复行为。如果孩子寻求关注而求不到，争取权利也争不到，自然就很愤怒了，愤怒之后孩子可能就会报复父母。报复的目的就是：既然我很难受，我也得让你难受；既然我没有一对好父母，你们也休想要有一个好孩子，所以我就生病，就闹事，就不上学。在孩子的潜意识里面，被这样的需求在推动。也就是说，孩子没有归属感，就要去寻求关注，就要去争取权利。当这一切无法得到的时候，他就会采取报复的行动。这样，我们就能够去理解孩子为什么会出现偏差行为了。

偏差行为背后的家庭因素是关键的因素。家庭是孩子成长的核心"土壤"，如果不能改良"土壤"，那么孩子的成长势必变得更加曲折。家庭因素包括如下非常重要的内容：

第一，冲突的亲子关系和不稳定的依恋。一些家长与孩子之间是一种回避型的依恋关系，而不是一种安全稳定的依恋关系，甚至，有些依恋关系还是冲突的。面对冲突的亲子关系，我们需要去思考：是孩子单方面的不争气、不领情、不乖、不懂事，还是我们做父母的缺少了一些跟孩子之间互动的技巧？或者我们缺少对孩子内在世界的洞见？很多时候都是因为双方不能够被对方看见，双方的需求都得不到满足，所以才会出现那么多亲子关系的冲突。

第二，家长不稳定的负面情绪。我接触的不少家长，都会提到自己脾气急，性格暴躁，跟孩子沟通时容易发火。但他们往往强调自己是有理由的，强调自己发火是情理之中——作为家长，我们先原谅自己。家长的这种不稳定的负面情绪，对孩子的影响是巨大的，会让孩子感觉没有方向，内心忐忑，不知道下一秒会发生什么样的事情。

第三，致病的家庭期待。家长对孩子不可能没有期待，也需要有期待，没有期待孩子会迷茫。但为什么你的期待会变得致病，因为对孩子来说，那是根本无法企及的。我遇到过一位爸爸，他对孩子学习成绩的要求是一定要比上一次有进步。这个爸爸对孩子的期待，就是做不到的，他自己能保证工作业绩一直直线上升吗，每一次考试都有很多变量，可能是身体原因，也可能是学习的难度改变，同时，其他同学也在努力发生改变，怎么能够确定孩子每一次都能进步呢？于是孩子感到非常绝望，选择不去上学来逃避。这种致病的家庭期待，虽然不是要求孩子必须考上 985、211 大学，但即便这样一种貌似不期待的期待，也有可能是致病的期待。

第四，父母之间关系的冲突。父母之间这种婚姻的冲突，会让孩子卷入其中，形成一种三角化的关系。家长不妨自我检视：自己是否也在其中，我们都该去梳理一下。

（一）冲突的亲子关系和不稳定的依恋

依恋的核心是互动。好多家长反映，自己为孩子付出了一切。但是，孩子却好像并不领情，不仅学习成绩不好，而且脾气暴躁，和家长的关系也不好。

实际上，许多家长陪伴孩子的重心集中于学业。难得聊聊作业之外的话题，家长和孩子之间没有互动，家长好像就成了一个学习监督员，名义上是陪伴孩子，实际上更像是在监视孩子。

依恋的核心是互动，就是有来有往，孩子愿意敞开心扉，愿意跟我们聊天。孩子说话的时候，我们能够用心倾听，让孩子把话说下去。但是，我常常发现，一些家长和孩子没有交流，聊天经常被"聊死"。

聊天怎么"聊死"？孩子一说话，家长往往就教训：你是不对的，我告诉你应该是这样。孩子一犯了什么错误，家长马上就说：你再这个样子，我要怎样怎样。

所有这些表现其实都是我们交流过程中的"绊脚石"，没有办法互动，没有办法积极倾听，让孩子总是感觉话不投机半句多。所以，依恋的核心是要有互动，家长一定要想办法和孩子互动起来。

我们要去探究，是什么原因破坏了我们的亲子关系？我认为四个利器破坏了我们的亲子关系。

第一个利器是轻蔑。我们的举手投足、眼神表情都会出卖我们的心思。孩子在跟父母交流的过程中，父母可能翻了一个白眼或者随口一句：你怎么这么笨！不屑的表情、恨铁不成钢的失望、瞧不起的肢体动作，都会让孩子感受到轻蔑。

第二个利器是忽视。家长一般不会忽视孩子的吃穿，头疼脑热也会及时去关爱。但是，当孩子出现了其他某些问题的时候，大家往往容易忽略。比如，孩子不想考试了、不喜欢老师了、对某个同学心生讨厌了……面对这些问题，家长很容易淡而化之地安慰：没事、大度一点、多大点事啊等。

这些空洞话语看似是在安慰孩子，事实上很容易让孩子接收一则信息：原来我这些感受不重要，这些体会无足轻重，我这些想法感受都是不被接纳的、不被重视的。这种被忽视的感觉，就会让孩子慢慢关上心门：既然如此，我凭什么跟你聊天？我凭什么向你求助？

第三个利器是人格的攻击，我们愤怒的时候，往往会对孩子口不择言，攻击性语言不经意间就会冲口而出。这种人格的攻击，会让孩子感觉距父母非常遥远，哪怕父母事后道歉了，哪怕父母认为和孩子已经和解了，但实际上，很难得到真正的和解，即使事情可能已经忘记了，但伤痛仍然会留在孩子的心里，形成心理的创伤。

第四个利器是讲大道理。这是很多家长都喜欢做的事，我们觉得跟孩子讲道理后，他就懂道理了，实际上，道理说太多后，就成了正确的废话，孩子往往并不是不知道道理，只是他当下的感受需求没有被看见，没有被理解。

我们与其讲大道理，不如与孩子共情。我们去跟孩子共情，去接纳他，这比讲大道理让孩子受用得多。换一个角度，实质就是，孩子用偏差行为来呼唤家长的成长。孩子的一次挫折，一个所谓的问题阶段，带来一家人都会发生巨大的改变，这就是所谓的"坏事变好事"。

所以，我们提倡少讲大道理，即便这个道理非常正确，我们都要点到为止，说多了，话就没味了，浓缩才是精华。

（二）家长不稳定的负面情绪

负面情绪就好像病毒一样，它会不断传播裂变。心理学中有一种踢猫效应，即负面情绪不断叠加，最后造成了不可控的状态。父母的不稳定情绪从哪些地方来？

这里有两个关键词：第一个关键词是原生家庭，第二个关键词是核心家庭。所谓的原生家庭，就是我们生长的家庭，我们的父母和我们组成的家庭就是原生家庭；核心家庭就是我们成长起来结婚生子后，建立的家庭。在孩子成长过程当中，起决定作用的就是核心家庭的情绪系统。

核心家庭的情绪系统，即如果父母的情绪不稳定，那么它就会投射给孩子。孩子接收到了不稳定的负面情绪，他就会用同样的方式去回应父母，孩子也会形成不稳定的情绪，而这种不稳定的情绪系统一旦在家里面形成之后，孩子和父母之间的依恋关系，就变得不安全了。

安全型的依恋关系，就是我跟你在一起是舒服的，离开你我是不害怕的；不安全型的依恋关系，是我跟你在一起是纠缠的，是一种非常冲突的依恋关系；回避型的依恋关系，是我不愿意理你，你走开，别说话，闭嘴，把门关上。这种回避型的依恋关系和冲突的依恋关系都是不安全的。

因此，如果我们的核心家庭系统是不稳定的情绪系统，势必会造成家长和孩子之间的依恋关系是不安全的。这种不安全的依恋关系必然就会形成孩子的偏差行为。

所以，作为父母，我们有必要去追溯一下，我们核心的家庭里面为什么会有那么多的不稳定情绪，也许，你需要去回溯一下你的原生家庭：或许你存在一些和原生家庭还没有解开的纠缠，你还没有放下和原生家庭父母的一些冲突。

实际上，一些父母的原生家庭是不稳定的依恋关系、不稳定的情绪系统。他们跟原生家庭的关系还没有理清，它很容易就传送到下面的核心家庭。这在心理学上被称为代际传递。

（三）致病的家庭期待

不期待孩子必须考上清华大学、北京大学，并不意味着家长对孩子的期待就不高。一些看似不高的期待，实际上对孩子来讲也是艰难的、做不到的。它给孩子传递的信息是：父母对孩子的接纳事实上是有条件的，孩子做到了父母才接纳，孩子没有做到就不接纳。

我们常常倡导：家长要全然无条件地接纳孩子。一些家长会不解：明明他的行为是错误的，怎么能接纳他呢？我的理解是：我们可以去评判他的行为，他的思想、他的感情，但是我们不能去评判他这个人；我们可以不接受他这种行为、这种状态，但是我们要接受他这个人，这是两码事。当我们对孩子说出："你这辈子都不会有出息！""早知道我就不该生你这个孩子！"说这种话，就是在对一个人进行评价，而不是对他当下的行为进行评价，你表现出的对孩子的期待，实际上是非常高的：就是要做一个完人，做一个总是如我所愿的人。这显然是不可能的，这世界上哪有完美的人，哪有一直如你所愿的人。

人是无法改变另外一个人的，你想把孩子塑造成你所想要的样子，一开始有这样的动念，你就已经失败了。关于致病的家庭期待，我们可以这样去检视：你的期待是否超过了孩子能力的上限？

现在，不少家庭五六个大人面对一个小孩，每个大人都在用自己认为好的东西去要求孩子，并不断地向孩子灌输，比如，洗手时不要浪费水，要有礼貌地和人打招呼，吃饭时声音要小……看似都是很小的事情，但是孩子始终处于被指点、被要求的状态，实际上家里长辈都把自己内心里面那些自认为好的期待给了孩子，小细节累积之下，最后就会超越孩子的能力上限，让他没有办法承受。

不同的家长对孩子的期待是有冲突的，妈妈有期待，爸爸有期待，孩子在中间不断被拉扯。这种期待冲突的最终结果是，孩子高考时选择了跟妈妈、爸爸的期待都完全不一样的专业，他想的是：我一定要离他们远远的。

还有一种情况，就是孩子没感到有期待。有家长走到另外一个极端：既然你说不要对孩子期待太高，那我们就不期待孩子了。然而，如果孩子根本就感觉不到期待，其实就是一种放弃，如果家长对孩子完全没有期待，会让孩子变得迷茫。家长应该让孩子感到被期待，只需要注意的是：家长要清晰看到需要表达的客观事实是什么，要清晰地给以评估，给出理性的期待。

家庭的期待和孩子自我发展的意愿是冲突的。冲突体现在什么地方呢？就是家长希望做的事情和孩子想要做的事情是完全不一样的。特别是在填报志愿的时候，最容易出现这样的情况。

曾经有孩子在填报志愿时，最想选择化学方面的专业，但是妈妈认为，化学领域缺乏前途，要求孩子去学大数据，于是孩子选择了大数据专业，然而，大数据专业一定要学数学。但整个高中阶段，孩子最差的就是数学，因此孩子大一就有科目不及格，于是孩子濒临崩溃，没有办法再继续上学。

孩子感受到了家庭的期待，却没有机会去实现。无论是我们的物理条件、经济条件，还是生存空间的局限，都使我们即便对孩子有期待，也没有机会实现，因为我们不给他创造机会，提供相应的条件。

（四）父母之间关系的冲突

父母亲对一个孩子来讲，那就是天、就是地。如果妈妈、爸爸的关系不好，对孩子有什么影响？他有可能会成为一个小大人，非常懂事，非常听话，一直在好好努力，要帮助父母解决问题，总想做一个让人人都喜欢的懂事孩子。这种孩子长大之后，会非常辛苦。如果这个孩子不能继续做小大人，做不了永远的好孩子，他只能停下来，于是，他在家里就变成了一个小恶魔，脾气暴躁，沉迷网络，热衷网恋，让父母觉得不可理喻：他怎么突然就从乖孩子变了样？他还有可能变成一个小病人，因为他发现自己生病的时候，父母就不吵架了，他们好像就可以按下暂停键，共同来面对我，就能看到他们同舟共济的状态——那么，我还是生病比较好！

还有一种可能，孩子变成了冲突的一方：我要成为妈妈的同盟，我要成为爸爸的同盟，我要卷入其中，我要跟他们一起战斗。于是，因为夫妻没有解决好相互之间的矛盾冲突，让孩子在其中形成一种转移或者是联盟。孩子必然因此出现症状，出现所谓的偏差行为。

三、合理纠正孩子的偏差行为

我想在这里给到大家一些建议：

第一是做成熟的父母。一个人是否能以稳定的情绪来应对问题，可以透露出一个人是成熟还是不成熟。有一句经典的话：问题本身不是问题，处理问题的方式，往往会成为问题。如果父母之间有问题，我们可以把它圈起来，自己去面对处理，而不要呈现在孩子的面前。这种呈现会在孩子内心里产生巨大的心理压力，他可能因此就不自觉地变成了一个小大人、小恶魔、小病人。

成熟的父母需要做到接纳。接纳就是要接纳孩子的当下，接纳所有发生的一切。这种接纳不应该是有条件的。举个例子，孩子没有考好，很沮丧，父母这样安慰孩子：没有关系，你上一次不是考得很好吗？你只要下次努力，一定还能考好，妈妈爸爸还是爱你的。其实，这些话在告诉孩子：你上一次考得很好，下次也会考得很好，我们还是会爱你的。父母接纳的，其实还是优秀的孩子。

什么是无条件的接纳？我们应该接纳孩子当下的情绪，这次没考好，孩子很沮丧，非常难过，甚至有些担心和害怕——因为没有考好父母失望。这时，父母可以说：坦白讲，妈妈爸爸看到你这次成绩的时候，确实有些意外，我们承认这次就是没有考好，因为可能是你的身体原因，可能是考试难度增加了，可能是最近的状态不好等，但我相信，只要好好调整，下一次完全有可能比这一次更好的。我想，这就是接纳的父母。

第二是做理解的父母。理解是什么？是不着急去跟孩子提建议、去纠偏、去讲道理。理解的意思，就是一定要先站在孩子角度理解，再去建议；先安抚他的痛苦，后去激励孩子，这才是理解的父母。而不是用一些上文提到的利器，比如轻蔑、忽视、人格攻击，去对待孩子当下的偏差行为。

第三是做有功能的父母。做有功能的父母，就是我们要带着孩子一起去定目标，我们对孩子的期待是合理的、客观的，是尊重孩子意愿的，我们要帮着孩子去培养他的抗逆力。

有家长认为，应该时不时地修理一下孩子，因为社会残酷，我现在不修理他，以后他出去会被社会毒打。我告诫这样的家长：其实社会已经很残酷了，孩子要面对的挫败已经很多了，你没有必要再多给他一些挫败。

培养孩子的抗逆力有什么含义呢？就是让孩子感受到，他的后方是安全的，他的背后是有人在支持、支撑的，让他感觉到是有力量的，即便是出现了问题，在父母那里，他是能够得到支持理解的，父母会跟他一起来面对问题，会想办法给他提供支持，这样一种支持系统的建立，才是真正给到孩子抗逆力的培养。

有功能的父母还要及时地跟孩子做一些正向的反馈。正向反馈不是讲：你真优秀、你好聪明、你好厉害。这些都是毒药，会让孩子产生错觉：你看我很优秀、我很棒，我才是可以的，才是被认可的。我们的正向反馈应该反馈什么呢？应该反馈孩子的品质，反馈孩子的过程，反馈孩子的习惯，而不是只说结果。

第四是做独立的父母。做独立的父母就要放手。其实所有关系当中，唯有亲子关系是指向分离的，我们和孩子之间一定是渐行渐远，当有一天他离开我们的时候，我们可以望着他的背影，笃定安心地让孩子去远行，我们应满满地祝福，而非担忧恐惧。

这样的放手是要从生活中慢慢去培养的。不能什么事情我们都亲力亲为；当然还要给孩子赋能，让孩子感受到他是被信任的。赋能有很多的机会，哪怕就是孩子在家里面帮你扫了一下地，都是可以赋能的：你看妈妈这么辛苦，你帮我扫地，参与家务，让我感觉到了有一份关怀；你给我倒一杯水，也让我感受到了妈妈是被在乎的，你多么细心体贴！我们去跟孩子做这样一些赋能，让孩子感受到有价值，感受到他是被需要的。

当然，更重要的就是要孩子去体验那种成就感，但遗憾的是，好多家长只要成功不要成就，成功和成就是有很大的区别的。成功就是让外界所有人都给我伸大拇指——好棒；成就是我想做一件事情并把它做成了。我们需要给予孩子一些这样的成就感，而不只是期待孩子成功，给孩子去动手的机会、去体验的机会，哪怕家务中都可以让孩子有一份成就感。

今天，我们讲到了偏差行为，了解到孩子有很多外显的状态。孩子无论是情绪暴躁、产生冲突、沉迷玩乐，还是不上学、自残自伤，这些外显的状态一定有内在的源头，而这些内在的源头需要我们去检视夫妻的关系、家庭的关系，去检视致病的期待，去检视孩子有可能经历的成长环境问题等。

最后，面对孩子的偏差行为，家长需要做的事情就是要找到适当的求助方式，或者是家长要加快自身的成长，或者是找专业咨询人员及时就医，不能只是停留在所谓的纠偏执念当中，否则你的纠偏可能会让孩子越纠越偏。

不管怎么讲，养育孩子是一件不容易的事情。我秉承一句话，也送给大家：父母一定要好好学习，孩子才能够天天向上！

祝福我们所有的家长，在孩子成长的道路上，跟孩子一起相互陪伴、共同进步。

■家长精彩评论

① 接受孩子的不完美，接受自己作为父母的不完美，放低身段和孩子沟通。彼此理解、互相宽容，教育孩子的时候，也是父母认识自我的一个过程。

② 正确对待孩子的偏差行为，站在孩子的立场看问题、想问题。和孩子沟通、互动，重视孩子的感受，让孩子有成就感。

③ 我们是第一次当父母，孩子也是第一次当孩子，彼此都是"第一次"，肯定会出现矛盾和问题，只有在共同生活中去共同学习、共同努力、相互体谅、相互理解，以平等身份去相处。

第七讲

故事里藏着无限的人生

■主讲人

骆平，四川师范大学教授，四川省作家协会副主席，国家一级作家，"四川文学奖"获得者。

■金句精华

1. 阅读所带来的精神滋养，其实是组成我们精神世界的重要根基。

2. 读书、见人、立事、行路，都是生命的要义，我们如此用力地奔跑，无非是想让一切的悲欢成败，都能停留在干净温暖的书页之间。

3. 借助书籍的力量，通过阅读，成为一个光芒四射的人。

■演讲内容

我以下分享的内容包括三个部分：第一部分是阅读的意义，第二部分是形成良好的家庭阅读氛围，第三部分是我个人关于阅读的切身体验。

一、阅读的价值与意义

阅读是一项终生的事业，古语道："吾生也有涯，而知也无涯。"在我们中华民族的文化传统里面，有诗书传家、书香门第等这样一些博大精深的语言文字，把美好的词汇都赋予了诗书，造纸术、印刷术发明诞生在中国，也可以证实我们民族拥有重视读书传承的悠久历史。

阅读这件事跟其他许多事不太一样，它是一件不容易被量化、感觉上不直观的事，它不像倒水，杯子里倒了多少水是可以看得到的；而一个人阅读了多少书，增加了多少学识，我们一时看不到，不好衡量。学识的增长需要日积月累。类似于古玩包浆的形成，需要缓慢、悠长的积累过程。阅读对于一个人成长的影响是类似的，我们在日常交往中，可以感受到一个人举手投足间那种特别的气质，而形成一个人气质的最重要组成部分就是他的学问与见识。学问见识，正是主要通过阅读而来。

阅读，会让我们孩子的人生拥有更多选择的权利。

有的家长经常会告诫自己的孩子：读书很辛苦，但是，不读书更辛苦！事实上也的确是这样，如果只是高中毕业，你可以选择的职业就比较少，如快递员、美发师。当然，现代社会没有什么职业歧视，但是，如果学历太低，你可以选择的职业范围毕竟是相对有限的。

而随着学历的增长，我们孩子的职业选择面就会扩大。比如大学毕业了，你就可以选择去中小学当老师；研究生毕业了，你就可以选择从事科学研究；博士毕业了，你可以有选择机会进入更多的高精尖产业。当然，我们并不排斥博士依然可以去做快递员，这里更强调的是，一般来说，更高的学历可以让你有更多主动选择的能力。

我们知道，社会进入了智能时代，学习能力非常重要，如果你没有阅读的习惯，没有养成学习提升的能力，你可能连 App 都不会用，如果连扫码都不会，那么，现在许多事你都做不了，许多地方你都去不了。

当然，可能有人会说，我就喜欢古典的生活方式，不用手机，不看电视，就如木心那首诗所说：从前，车马很慢，书信很远，一生只够爱一个人。一生只够爱一个人，这没有问题；你用古典的方式来生活，也没有问题，但即便如此，你该如何对所爱的人去表达丰富深厚的情感呢？你还是得用情话，用有趣的灵魂去吸引他（她）。我们知道，好看的皮囊千篇一律，有趣的灵魂万里挑一，那么，有趣靠什么来形成呢？这不是我们随便讲点八卦就能达到目的的，而是需要我们通过阅读，积累足够多的知识，来构筑我们有趣的灵魂。

阅读，也是健康的生活方式。对许多人来说，这是一个娱乐至死的年代。游戏、视频、麻将，几乎成了人们娱乐时间的三大"杀手"。但是，人类毕竟跟机器不一样，我们需要阅读，需要将阅读作为娱乐方式。把阅读作为娱乐，是一种有益身心健康的休闲方式。可能有人会说：我读了那么多书，在实际的工作生活中，却好像什么也用不上。其实，这是误解。就像我们的食物，每个人从小到大吃了非常多的食物，你都根本想不起你过去吃了什么，但正是这些食物，组成了你身体的成长，组成了你的血脉和筋骨。阅读的功效也是这样，日积月累才能见成效。

同样的道理，也许有人认为，自己从事的工作与以前学习的东西毫不相关。拿我自己来举例，我也是如此，现在从事的是影视研究，而以前学的是中文专业，更早的时候还学了那么多物理、化学、地理，现在都用不上。那能不能说，早知道我现在从事影视研究，我就不用读大学，不用读高中、初中，甚至不用读小学，是这样吗？显而易见，事实不是这样的。

阅读所带来的精神的滋养，其实是组成我们精神世界的重要根基。夯练精神世界的方法有两个，一是阅历，二是阅读。组成我们每个人的，一是肉身，二是精神。对身体来讲，食物构成我们身体的基本营养需求，运动和健身，是我们强身健体的一种方式。同样地，组成精神世界的是阅读，它其实就是一种基本的精神食粮；而阅历，就相当于我们精神世界强身健体的方式。

古语有云，读万卷书，行万里路。读万卷书，是组成我们精神世界的食粮，而行万里路，实质就是增加阅历，二者缺一不可。著名的文学家杨绛老先生说过：读书的意义，大概就是用生活所感去读书，用读书所得去生活。

二、形成家庭阅读的良好氛围

我们中国人常说：修身齐家治国平天下。而齐家的最好方式就是形成爱阅读、善阅读的良好家风。古代有围炉夜话的说法，我们不妨想象一下一家人围炉学习的场景：室外雪花飘飘，室内篝火熊熊，一家人围着温暖的炉火，阅读交流各自喜爱的书籍，那是多么温馨美好的一种意境。杨绛先生在《我们仨》中描绘：夫妻二人谈诗论画，女儿在旁边阅读！这是多么美好的家庭场景。

令人欣喜的是，现在有些年轻人家庭的客厅里，已经取消了电视的主导地位，在客厅布置一圈环绕的大书柜，中间一张大木桌，一家人在这里安静地读书写作、处理工作。我非常向往这样一种三口之家相处的幸福模式，随着三孩时代的到来，将变成一家五口坐在客厅，各自阅读自己喜爱的书籍。正像古人所言：至乐不如读书。想起这一幕，就觉得是一件很美好的事情。

此外，我想强调一点：爱阅读的父母，在孩子教育方面不会有太大的偏差。也许有人会讲，我天天打麻将，而我的孩子照样考上了清华大学或北京大学，但我想提醒你的是：你的孩子，会不会用一生来治愈他的童年？

我的一个朋友就是这样的情况。她学业优秀，而在她上学期间，她的父母没有关心过她的学业，基本上，父亲常在外面喝酒社交，母亲在家里打麻将。这个女孩靠自己努力，考上了四川大学。看上去，突破了家庭环境对她的负面影响。然而，直到现在，她都没有结婚！说起缘由，她告诉我，想起小时候家里那种嘈杂纷乱的环境，就会觉得头疼烦恼，对家庭生活望而生畏，甚至导致她现在有了轻度的抑郁症！所以，这里我想提醒大家：孩子正是如此，在用一生去治愈他的童年！

中国人的阅读史，从某种程度上来讲，也是一部中华文化的成长史，而其中，每一个家庭都是一个元素、一个组成细胞，成千上万的小家庭聚集起来，就汇聚成了一部浩瀚光明的中华文化成长史。

三、我的家庭中三代亲子阅读的故事

我首先聊聊我和父母的故事。我的原生家庭中，最大的财富就是书籍。我父亲是历史学教授，他算得上博览群书，家里拥有 1 万多册图书，人文学科类的书籍很多很全。我写过一篇文章——《温暖的童话之夜》，曾被四川少儿出版社收录出版。我在这篇文章里，回忆了父亲给我讲故事的场景。在我家书柜里面有一套《一千零一夜》，由于封面纸很薄，我父亲就用牛皮纸把它精心地包起来。我至今对那套书都有着特别的感情。因为儿时每到睡觉前，我父亲就会从里面抽出一本书来，然后翻开一页，给我讲故事，在他的讲述里，我能够看到苍茫的无边沙漠、高大坚固的石头宫殿、蒙着面纱的美丽嫔妃，还有热闹的市集、负重的脚夫以及骡子啪嗒缓慢行走，一切都栩栩如生。在父亲给我讲述《一千零一夜》时，我感觉这本书非常神奇，里面有那么多精彩好听的故事。然而，等到我上小学后，自己可以识文断字时，再次把《一千零一夜》拿出来读，却发现这本书文字冗长、极其枯燥，印象里那些精彩的对白、曲折跌宕的情节其实都没有。我根本就读不出父亲讲述时感受到的那种精彩和美好。此时我才发现，我父亲讲述的故事，绝大多数都经过了他的加工渲染，甚至做了修改。我第一次体会到：书上的故事，原来是可以修饰再加工的。

我母亲在图书馆工作，我小时放学以后，就经常到图书馆里面去淘书，淘我喜欢的各类期刊、图书。这对我的阅读，也是重要的启蒙。我小的时候，家中有一种很具仪式感的行为，就是在每年的大年初一，我们一家人会溜达到书店里面去买书，每年大年初一，我都会买回一批书，那种喜悦到现在都记忆犹新。

这是的我和父母之间的阅读故事，对我来说，这是最早的人文启蒙。我从初中就开始发表文章，后来成为非专职的作家，这跟早期的阅读是密不可分的。

然后，想跟大家分享一下我和孩子的故事。我的儿子 11 岁了，现在上小学四年级，已经发表了十几篇文章，刚刚还得了新华文轩组织的一场作文比

赛的一等奖，《少年百科知识报》也将报道刊登。可以说，他对阅读和写作是非常热爱的。我经常说，我儿子是围绕故事长大的孩子。梳理他的成长过程，可以分为五个阶段：听故事、编故事、讲故事、读故事、写故事。听故事的阶段发生得很早，大概在他几个月的时候，我的一个做小学校长的闺蜜给我送来了许多绘本，那是我第一次接触绘本，其中令我现在都记忆深刻的是小熊宝宝系列绘本，文字很简单，里面都是小熊宝宝洗澡、玩耍、交朋友、过生日等各种非常琐碎细小的生活场景。

当时我儿子还不能说话、不能交流，我就试着读给他听，拿给他看，把他抱在怀里，给他讲小熊宝宝。按照我父亲的方式，我编撰了很多情节加进去，没想到他听得津津有味，他睁着一双大眼睛，手舞足蹈地用他的婴儿语言跟我交流。由此开端后，我又买了很多绘本，现在我家的绘本都有上千册了，凡是能够在京东、淘宝上看到的绘本，我基本上都买回去。令我记忆犹新的有调皮捣蛋、古灵精怪的大卫，还有一只有理想有抱负的鸡——卡梅拉，以及多愁善感的陶家小兔等。

在我儿子4岁左右时，有次因为感冒咳嗽，不能过度运动，我就把他抱在怀里，给他讲霸王龙的故事。当我讲到霸王龙梁太不得不离开他的养母慈母龙，它悄悄到森林里面去摘了很多红灿灿的果子，放在养母的家门口，然后一个人默默离去的时候，我发现小小的儿子竟然流下了泪水。我知道，故事已经跟他的心灵相通，触发了他内心的美好和柔软。

后来，我下载了一些故事App，比如凯叔讲故事等，我儿子也就养成了听故事App的习惯。有时候我没有时间给他讲，或者是在旅途当中，他都会听故事，听故事成了旅途中的一个重要消遣。

接下来到了第二个阶段——编故事。编故事，开始于他吃辅食的时期，我的厨艺不佳，吃辅食就成了我们母子间的"相互伤害"，怎么办？我就想到用故事来作为最好的"佐料"，我一边给他喂辅食，一边给他编故事，当然，这些故事大都属于临时胡编，随脑洞大开，编到哪算哪，一顿饭吃完，这个故事也就且听下回分解了。

我编的故事最大的特点就是互动式，我的儿子必然是故事里面的一个角色。其实，很多家长在给小朋友讲故事的时候都会这么干，这是一个很好的技巧，把我们的小朋友作为其中的一个角色，绕到故事里面来。我记得当时编了个小青蛙的故事。我讲到在我下班路上遇到一个水坑，我正要踩过去的时候，一只小青蛙突然跳了出来，说他跟我儿子是好朋友，让我带去它的问候，这时候我就停下来，问我的儿子认不认识这只小青蛙。我儿子自然就上道了，他说我认识，我就会问他怎么认识的，他便开始跟着我的思路编故事，说是在幼儿园里睡午觉的时候，他睡不着，然后走出去瞎溜达，正好碰见了一只同样睡不着的小青蛙，他们就成了好朋友；或者说是他在小区的花园里面，碰到一只被调皮蛋捞起来、吓得瑟瑟发抖的小青蛙，他把它救下来，然后就成了好朋友。

这样，一个互动的过程就开始了。我们之间的互动开启后，他开始编故事讲给我听，当然，这个过程需要不断地启发和引领，不断赞美和鼓励，在大量的"彩虹屁"之下，他开始编给我听。我到现在都记得他编的一个故事，说是晚上他睡着后，他的好朋友——一只长尾巴的小松鼠，顺着我们家的烟囱，悄悄来到了我家客厅，然后在客厅里面跳起一段波尔多舞曲，之后，又继续唱森林进行曲，想把他吵醒。因为他们约好了晚上一起玩，结果没想到他睡得非常沉酣，没醒过来；小松鼠失望之余，就到厨房里去，结果翻到了留给它的美食，有一颗坚硬的核桃、还有美味的蛋挞等。吃完后，小松鼠心满意足地拍拍小肚子，回到了森林里的家。它的家是用松针搭起来的，而松鼠妈妈正在暖融融的灯光下，给它缝一件真果壳的披风。

根据这些故事情节，我想法配合我儿子，给他提供物证。他讲到某个地方，我就去翻出一片树叶，说你看，小松鼠果然给你从森林里面带了一片树叶做礼物；或是在晚上睡觉前，为了配合他讲故事，我就在厨房里面放一点好吃的东西，说是儿子留给小松鼠的夜宵，当然，这些东西最后都让我吃了。

过了编故事的阶段，就进入了读故事的阶段。在这个阶段，特别需要把握分寸与火候。我对儿子的识字量没有揠苗助长的想法，虽然我身边有很多"神童"，也有很多的书籍教我们怎么提升孩子的识字量，我都没有去尝试。我抱着一种静待花开的心态，以正常的学习和生长的节奏，等待他自己学会拼音，学会识字，然后按照他自己的喜好给他挑选书籍。

这时候，如何引领非常重要。举个例子，我儿子在阅读《鲁滨逊漂流记》

的过程中，虽然其中精彩的片段非常动人心魄，但是和很多同时期的小说一样，在语言叙述上有非常多冗长枯燥的地方，如果直接把这样一本书塞到一个一二年级孩子的手里，很容易导致他反感。

于是，我还是选择给他讲述。我挑出最精彩的篇章，讲给他听，讲到他感兴趣的地方，我假装自己很忙，没办法再讲下去，然后就要求他自己接着看，引导他自己往下读；我还把精彩的篇章折起来，让他专门挑这些地方读。这样，他自然就爱上了这个故事。

我这样有意识地引领，也算是一种技巧，到现在为止，都很灵验，凡是我希望他看的书，我都会这样操作。

在引导他阅读的同时，我也有意识地让他接近我的作家朋友，我跟杨红樱是多年的朋友，儿子刚刚出生的时候，她就来看过我儿子。当儿子喜欢上了《淘气包马小跳》和《笑猫日记》以后，每次她回到成都，我都会约她一起吃饭，让儿子一起参加。儿子眼前有了对作家的直观印象，就会对书籍产生更浓厚的兴趣。我去北京开会的时候，认识了作家李娟，我把李娟的签名带回来，儿子特别兴奋，他找出李娟的《冬牧场》，又认认真真看了一遍。

我也开始有意识地引导他读一些名著，比如适合他年龄的旅行记。他也读得津津有味，他对里面的"穷游"产生了无限的兴趣。

随着这个阶段的发展，他自然而然就进入了写故事的阶段。

写故事是在他学前班到小学一年级的这个阶段，被我捕捉到的。有人说，每一个小朋友都是天生的作家，他的作品能不能被留存下来，在于父母能不能敏感及时地捕捉到他灵光一闪的刹那。

我记得儿子最早发表的诗歌，就是在我们出去旅游坐车时，我儿子突然间念了几句，我非常兴奋地给他记录下来，帮他投稿，并且发表出来，由此一发不可收拾。

在这一过程中，我也观察分析了他的特点，认定他不会成为一个真正的诗人。原因在于他的诗歌非常具象，缺乏那些抽象的情感和哲思，基本上都是事件的描述。有一首诗第一句话就是：我去博物馆的路上。作为一句诗的开头，非常纪实，缺乏诗味。很快，他不再写诗，而是开始写散文，比如写游记，但他很少写景物，写的都是事件。

去年暑假，我儿子决定写一篇真正的童话，题目是《布丁的薄荷茶》（布丁是一只虚构的狗）。儿子数学老师家养的狗叫布丁，雪白浑圆，我儿子很喜欢。同时我儿子喜欢的一个小女生，家里养的狗也叫布丁，他把这两只布丁合二为一，写到了他的故事里面，完成了一次伟大的爱的创举。这篇童话有2 000多个字，在儿童文学杂志上发表了，这是我儿子第一次写这么长的故事。

现在，阅读已经成为我儿子形影不离的伴侣。家里两大书柜的书，都属于他，他早上起来，会翻一下书。最近这段时间，他迷上了少年军校的系列，大概有六七十本，我都给他买了回来，他开始陆陆续续地看，早上上学之前，会看上一会儿，晚上放学回来，周末、节假日时他都会看。每晚睡前，他的习惯就像大人一样，会坐在床上看会书再睡觉，我知道，阅读已经成了他生活中不可或缺的一部分了。

其实，读书、见人、立事、行路，都是生命的要义，我们如此用力地奔跑，无非是想让一切的悲欢成败，都能停留在干净温暖的书页之间。

四、让阅读变得快乐起来

我们熟悉的一些古语，如"头悬梁，锥刺股""书山有路勤为径，学海无涯苦作舟"等，可能对我们产生了误导，让我们会觉得阅读是一件很苦的事情，实际上，阅读带给我们的，肯定是快乐！

那么，怎么能够让阅读变得快乐起来？我自己的感受是：先讲兴趣，再说功力。这里，我用的是力量的力，它包含的意思是：首先是利益，然后是力量，最后再落脚到经典。

刚刚跟大家分享了我儿子的阅读情况，除了一些非常没有营养的漫画，其他想读的书，我都买给他。至于为什么孩子会读那些没有营养的漫画，是许多家长跟我交流时提出的疑惑，他们认为漫画对于写作提升没有用处。

我的建议是，如果孩子先接触到的就是漫画的话，没有问题，让他先读，你可以花一些时间把它扭转过来，通过漫画过渡到文字量比较大的绘本，然后再到文字书籍。

我儿子没有去读这些漫画，并不是他不喜欢，而是因为他没有机会接触到。我给了他很多别的选择，两大书柜的书里面，总有一些是他还没有来得及读的，他已经沉浸在一片浩瀚的知识海洋当中，无暇去顾及那些漫画了，这也算是一个小小的引导技巧。

阅读到最后，我们需要的还是经典。经典，就是用来打精神底子的书。博尔赫斯讲到了经典的力量，笛卡尔也讲到了。读好书，就像是和高尚的人谈话。然而，我们仅仅盯着经典的话，也依然会出现让孩子反感的情况。就像我家儿子，作为男孩，他喜欢《西游记》，各种版本的都喜欢读，包括简版、漫画版以及全版。现在他逐渐开始接触《三国演义》和《水浒传》，但是，他对《红楼梦》一点兴趣都没有，我也没打算硬塞给他。

所以，在海量的经典书籍当中，我们还要加上兴趣在后面，以此作为我们的一个选择项。

刚才候场的时候，我听到有家长在谈论阅读的载体问题。我个人的体验是这样：我跟孩子在一起时，如果没有带书，也没有别的事可做的时候，我就把手机拿出来，选个内容给他阅读。上周末，我想尝试一下他喜不喜欢武侠小说，于是就选了金庸的《鹿鼎记》，用手机给他读了一段，结果他不太听得下去。于是，我就不会再让他尝试了，等他大一点再说。

其实，手机也是一个非常好的阅读载体，平时，我读纸质版书也读手机版书。疫情期间，我在家中封闭了一个多月，当时特别需要看一本书，我就直接买了电子书，用手机读完了。从精神收益来讲，电子书提升的功效和纸质书是一样的。

关于倾听的载体，现在很多人上班通勤需要很长时间。那么，在这段时间里，你就可以戴上耳机，用喜马拉雅或者其他任何 App 来听书。在这个多元的时代，阅读其实是一个随处可行、随处可见、随处可为的行为。今天不同于古时竹简时代，不需要扛着一大摞竹简来阅读。在新媒体时代，阅读是空前便利的。

最后，分享一位加拿大诗人的诗句：书页，带给我们光芒！我也祝愿在座的每一位家长以及你们的孩子们：借助书籍的力量，通过阅读，成为一个光芒四射的人。

■家长精彩评论

① 读书不只是知识的获取，还让你具备独立思考的能力，在思辨中和圣贤沟通，其乐无穷。和家人共享，互相促进，精神会更加强大，家庭也会更和谐温馨。

② 那些深藏的伟大思想无法从父母那里直接拷贝，而是借阅读连接家庭的情感、输送文化的根脉、滋养精神世界的内核。骆平教授家庭中三代人阅读的经历正是这样的印证：与作者对话，与父母对话，与自我对话，书籍是思想、情感和家风的摆渡船，阅读编织人生的密码，建构幸福的人生。

③ 我们都知道阅读有益，开卷有益，可是枯燥的文字总是无法让孩子静下心来慢慢品读。听了骆老师的分享，家中神兽没有喜欢上阅读，要反思自己的教育方式，不是书买得不够多，不是书买得不够全面，不是书准备得不够有趣，而是我们引导不足、放弃太快、放任过多。

第八讲

静待·相信：和孩子一起成长

---■主讲人----------------------

杨伟，四川师范大学硕士研究生导师，四川省卫健委（心理）卫生危机干预专家，国家二级心理咨询师，中国科学院心理测量师。

---■金句精华----------------------

1. 孩子在外面遇到了困难，回到家的港湾后，家长就要有意识地给他一个情绪宣泄的空间，给他一个被包容的机会。

2. 作为初三、高三（以下简称"初高三"）孩子的家长，自己往往也处于焦虑中，这就更需要去学习提升，让自己有能力、有智慧地排解焦虑，进而能去安抚和帮助孩子。

3. 孩子在不同成长阶段，会面临相应的一些问题，要想解决这些问题，得先了解孩子所处阶段的身心特点以及规律。

■演讲内容

我们来交流一下，在初高三孩子在临考时，学习心理有哪些常见的困扰与问题，以及家长该如何应对、有哪些相关的家庭处理技巧。

每个孩子在成长过程当中都有自己的花期，他的成长过程是非常个性化的。因此，我们一定要适应孩子的身心发展规律；我们做家长的，要充分掌握自己孩子的身心节奏。

我们一定要达成以上共识，才能正确看待孩子的成长过程，眼光才能更长远，否则，我们就容易犯急功近利的错误。

我做孩子的心理辅导时，有这样一种感受，就是感觉现在孩子的很多学习行为被工具化了。学习变成了通向成功、获取资源的工具，当学习变成工具后，就自然而然会功利化。工具化地学习，一定会带来功利化的学习，功利化地学习，就会使孩子产生学习和我这个个体之间是没有联系或者是隔离的感觉，于是，他就不能用心去感受学习本身。

一、学习本身的意义探讨

那么，学习应该是一种什么样的状态呢？从生理学的角度来讲，孩子还是胚胎的时候，他就自然而然在学习了。学习的过程伴随大脑发育的过程。也就是说，学习其实是很自然的一种现象，和我们的吃饭、睡觉、呼吸是一样的。但是，当我们把学习当成是通向成功的工具以后，学习本身就跟孩子产生分离，慢慢地，孩子就不太喜欢学习。久而久之，孩子就觉得学习是一件阶段性的事情，孩子学完一段后认为就可以了。

因此，我们现在经常看到这样的社会现象：很多优秀学校毕业的人，明明有 9 分的能力，但是他却选择只有 7 分难度的工作，不愿意去挑战更高难度的工作；同时，还会产生一种社会现象，就是很多人通过中小学甚至大学的学习后，已经失去了学习的内在动力，他不想再付出努力。

我们回过头来思考：我们培养孩子的目的，难道就只是为了让孩子得到好大学或者好工作的录取通知？我们难道不是希望自己的孩子，将来在工作中、在人生中，拥有幸福生活的能力和终身学习的能力吗？

这就需要我们具备一种长远的教育视角。如果没有这种长远视角，也许某个阶段，我们认为自己的孩子是成功的，但是，如果将他放到整个人生长河中去观察，实际上，就打了一个问号。所以，家长应该先抱持一种全面的家庭教育观来看待孩子的成长。即便孩子已经踏入大学，我们仍然要考虑他后续的成长动力。

如果孩子真正热爱学习，不用你督促他怎么学，他都会自动去学。毕竟，学习是一件自然而然的事情。因此，我经常和孩子探讨，学习本身的意义究竟是什么。一旦他能够清楚认知这个问题，就算面对学习中的一些困难，他也能更加从容、更加清醒；即使面对现在做不到的事，他也有信心将来能够做到。

二、与初高三孩子的情绪变化有联系的因素

接下来，我给大家分享一下：现在的孩子，究竟可能会面临哪些挑战，尤其是初高三的孩子，在学校学习生活当中，他们的情绪变化会与哪些因素产生联系？

第一，在学习过程中，遇到难题找不到解决思路的时候，他会显得很烦躁。生活中，家长看到孩子在专心做作业时，习惯过去关心一下，比如，给孩子递一杯水，但是，家长却往往招来白眼，被孩子不耐烦地对待，让自己委屈生气。实际上，这时候，孩子很可能就是正在被学习难题所困扰，你的关心对他而言其实就是一种打扰。在这种时候，孩子的情绪变化有内在的心理过程，我们不容易观察把握到，我们需要给孩子空间，让他自己处理完情绪，情绪处理好了，问题自然而然就解决了。

在教学过程中，我发现困扰孩子最多的问题有两个：第一个是付出了学习的辛劳却没有收获，自己感觉难受，情绪低落；第二个就是难以集中注意力。到了初高三的后期，老师在讲授一些难题时，有的孩子发现自己听不懂，似是而非，他就会产生极强的负向情绪，对比优秀的同学，开始自责贬低自己，不断加重焦虑，担心自己中考、高考失利；同时，还容易由自己过去的

失败经历产生联想。这样的负面情绪需要一个宣泄的突破口，于是，负面情绪往往就在家庭里爆发了。

家长应该意识到这点，当孩子在外面遇到了困难，回到家的港湾后，家长就要有意识地给他一个情绪宣泄的空间，给他一个被包容的机会。当孩子回家莫名发火、烦恼时，家长要给予理解。到了一定年龄，孩子可能会不愿意告诉家长具体发生什么事情，但一旦家长捕捉到孩子的不良情绪，就要明了，孩子一定是在外面遇到挫折或困难了，内心正在产生冲突和矛盾。这种时候，我们需要给予孩子至关重要的呵护与关爱。

很多孩子想做的多，能做的少，周末放学拿了许多作业回来，但实际上有很多不会做或完成不了，他无法掌控作业的完成量，就会产生一种焦虑。在每年六月的高考季，越临近考试，孩子越会产生强烈的期待性压力：知道这是重要的挑战，但自己还没准备好。越临近考试，孩子们的这种焦虑情绪就会越明显。

这其实是正常现象。作为家长，我们要做的是更好地去接纳孩子的焦虑情绪，用我们的智慧帮助孩子化解这份焦虑。而作为初高三孩子的家长，自己往往也处于焦虑中，这就更需要去学习提升，让自己有能力、有智慧地排解焦虑，进而能去安抚和帮助孩子。

在中考、高考这样特殊的时间点上，孩子的问题既具有普遍性，又具有个体性。普遍来说，这个时期的孩子大都比较敏感，碰不得、说不得，甚至有时候你多看两眼都不行。在这种时候，家长最好的做法，就是静静地陪伴。如果孩子提出合理需要，我们积极地给予满足就可以了。

在这样的关键时间节点上，让孩子感受到父母的爱，对于孩子将来的人生，是一种很好的滋养。他会知道，人生无论遇到多大的困难，总会有一处接受我的地方。任何一个人在成长过程当中都会遇到挫折，家的特殊意义就体现在这处地方，让孩子感到被无条件地接纳。在家庭教育当中，家长习惯对孩子提要求。比起提要求，其实家长更该做的是营造一种被接纳的家庭环境。

各位家长可以试想一下：当孩子建立起自己的家庭后，我们的心态会发生什么变化？我们更关心的是，他什么时候回家？我觉得，我们应该把未来对孩子的这种期待，放到现在来思考，当你看到孩子有很多问题，对他感觉不够满意的时候，我们就更加需要这样思考。

很多家长都列举出自己孩子的一些问题，我们不妨来看看，这些问题究竟是些什么样的问题。有人抱怨，孩子制订了计划，但不严格执行；孩子成天把自己关在房间，请吃饭都不出来；有孩子总爱玩手机，情感冷漠；有孩子懒散无序，遇事家长急他却不着急，上学迟到也无所谓；很多家长每天在提醒孩子中度过，提醒他吃饭，提醒他做作业，提醒他洗澡……如果要把孩子的问题都罗列出来，这样的问题会有很多。各位家长看到孩子的这些问题后，会不会觉得，别人家的孩子就会好些？

看到自己孩子有这么多问题，自然会给家长带来一些不自觉的习惯：我们期望孩子达到自己理想的高度，一旦没达到，我们就本能地想要去掌控、去改变。也就是说，当你看到孩子问题的时候，你不会无动于衷，你一定会想方设法地干预，除非孩子表现得让你非常满意。而这种焦虑感，会带着我们的情绪继续发展下去，直到生气甚至愤怒，当我们要去干预、去调整的时候，亲子关系就开始对立起来。一旦开始对立，不仅自己很难调整，甚至无法觉察到情绪的失控，就好比用手去抓沙子，抓得越紧，手里面的沙子反倒会越少。

这提醒我们，当我们太在意孩子负向信息的时候，我们就开始了控制，我们的控制可能导致孩子出现一个更严重的问题：偏离自己的方向，偏离了自主的方向，失去了自主的空间。

心理学有一个词——替代成长。家长干预得越多，孩子越不需要去思考管理问题，于是，他的成长就停止了。

如果体现在学习方面，一个问题就会出现：学习的主动权开始发生转移。本来学习的主体是孩子，当家长看不惯孩子的各种习惯和各种学习问题，不断干预不断插手时，就会变成不是孩子在管理自己的学习，而是父母在管理孩子的学习，学习的主动权随之开始发生偏移，久而久之，孩子就会失去对学习的兴趣，他的内驱力也慢慢丧失了。所以，家长一定要定位好自己在教育中的角色，我们只是孩子成长中的助力——辅助的力量，而不是主力。角色的变换要把握时间点。在小学阶段，孩子的认知水平比较低，需要父母代替他来做出一些决策，此时家长应该站到孩子前面，为他遮风挡雨；可是，到了青春期，孩子进入自我整合时期，内在的很多矛盾和冲突，会外化到和社会及家长产生一些矛盾，这些矛盾不断修正他的认知，他才能成为一个具有自己独立思想、独立判断的一个人。从成长的角度，这种逆反表现非常必要甚至是必须的。没有青春期的逆反，孩子的人格成长很难进行。但是，青春期内的自我整合很容易出问题，家长往往没有适时转换、从前面走到背后，还想像以往一样替孩子去做决定。

在这个时候，家长的位置摆在何处才科学呢？家长的位置应该摆在前方的两侧，既让孩子有选择方向的权利，又能在他走偏差之后，想法帮他纠正，而不是代替他决定方向，挡住他前行的视线。到了初中、高中阶段，家长要考虑更多的是退到后面。高考后，专业志愿的填报以及大学的选择，就是让他自主选择的重要契机。上了大学参加工作后，他需要自己决定人生中的重要事情。家长的想法只是提供一种参考，父母退到后面作为孩子的支撑，以这种支撑传递给孩子信息：将来你在外面碰壁了，还可以回家，家永远是最可靠的港湾。只有当家长实现了身份角色的变化，孩子才能够真正成为一个顶天立地的人。

世界的奇怪在于：人类抚养子女，不是为了让子女越来越近，而是因为爱而分离，这种爱很特别，它不是占有，而是指向分离，指向各自的成长与独立！

三、初高三孩子常见的困扰及应对

当看到孩子的不良行为时，家长会产生各种负向情绪，家长应该思考如何避免负向情绪影响我们的行为与判断。

比如孩子玩手机，我们希望的是，让孩子脱离手机，专注于他应该做的事情，最后却往往变成了彼此间的冲突，并发展成为愤怒的情绪。可见，可怕的并不是手机本身，而是因手机而产生的亲子冲突，它改变了家庭氛围，破坏了家庭关系。其背后原因就是家长的角色没有转变好。

我建议，当和孩子产生矛盾冲突的时候，作为家长，一定要保持一种平和的心态。

家长群体的认知层次有三层。第一层次的家长，是能够发现问题的家长，但这个层次是最低的，因为谁都能看到问题。第二层次的家长，不仅能够发现问题，还能够想出办法来解决，可以指导孩子解决问题。但是，往往还是有些问题，一直无法得到解决。这是因为，这些家长的内驱力不足，无法驱动孩子去使用方法。而第三层次即最高层次的智慧家长，可以帮助孩子找到自己的内驱力。

高三的孩子回家后想玩手机，无法控制。家长自然会感到生气。其实，家长生气的背后，是对孩子未来的深层次的担忧。因为担忧，所以生气。但家长传递给孩子的往往只是：妈妈很生气。对于孩子来说，玩手机的需要没有得到满足，孩子也感到生气，于是，两方都生气了，矛盾就产生了！

换一个思路，如果家长不那么强势，不是生硬地不允许，而是扮演一个看上去是弱者的强者。怎么扮演呢？其实，就是表达你最真实的感受、最真实的情绪。家长最真实的情绪是什么？是担忧。

如果妈妈这样说：孩子，把手机拿给你，我很担忧啊！各位家长，如果你是孩子，你会怎么说？会如何安抚母亲的情绪？可能会说：不用担心，你担心什么呢？妈妈说：我担心你拿手机来玩游戏，一发不可收拾，耽误学习、耽误完成作业！

——不用担心，我只玩半个小时。你半个小时以后提醒我怎么样？

——但是，沉浸于游戏，自然会忘记时间对吧？妈妈也总有事要做，记不住到时提醒你啊？

孩子可能如此回答：我自己会定时，自己会掌握时间。甚至，进一步安抚母亲：我今天玩过了，明天就不玩了，这周玩过了，下周就不玩了。

在这一过程中，母亲通过表达担忧的情绪，责任主体就转为了孩子，孩子会想法来照顾妈妈的情绪和感受，因为孩子不想伤害妈妈，这是亲子间必然的联系，孩子会开始考虑对自己负责，对自己的行为负责；孩子会开始思考用什么样的方式来管住自己。

我们是希望自己作为家长强势地去约束和掌控孩子，还是希望孩子通过这样的方式，慢慢形成自我约束和自我管理的能力呢？

这一方面需要家庭教育的智慧，另一方面是我们愿不愿意以真实的自己面对孩子。大多数家长认为自己与孩子是没有任何界限的，谁不爱自家的孩子呢？但是如果家长不是以最真实的感受去跟孩子互动，那就值得疑问了。大多数家长都会觉得，在那种时候我真实的感受就是生气，没看到自己其实是在担忧。这就是需要家长成长的地方，学习掌握对自我更深层次思想观念和情绪的洞察的能力。

孩子在不同成长阶段，会面临相应的一些问题，要想解决这些问题，得先了解孩子所处成长阶段的身心特点以及规律。而就初高三孩子而言，影响他们最重要的因素大概有四个：

第一，同伴之间的关系。在这段时期，孩子的情绪感受很微妙。孩子常常纠结于同学间无解的小事，回家后也不好跟父母讲，因此影响孩子的心境和情绪状态。这种同伴关系对心态造成的影响，家长与孩子互动的时候，应该怎么跟他们交流呢？

很重要的一点是，当我们与他人产生物质上的冲突时，我们不妨站在对方角度去理解问题，家家有本难念的经，对于没有办法求证的事情，只能选择去理解对方。

我曾有个学生，当年通过自主招生考试拿到了名校的降分录取资格，同学特别羡慕他，但这个孩子却表示压力太大，担心自己万一考不上，高考成绩到不了大学的录取分数线，获得的降分优待就浪费了，会对不起这项优待。他感觉必须考上，因此压力反倒倍增了。此外，他在班集体里面变得特殊了，很难找到知心朋友聊天，有强烈的孤独感。由这个事例，我们可以告诉孩子，不必去羡慕别人的好，也不必嫌弃自己的不足，家家都有本难念的经。这样，他就更容易站在对方的角度，去理解同学之间的矛盾和冲突，从而缓解一些小事情对心态情绪的影响。

第二，有时孩子回家后表达出一些不良的情绪，甚至与父母产生对抗。我认为，这种对抗是必要的，是孩子通过某种渠道去宣泄自己的情绪，我们不仅要接纳这种情绪，还可以主动去引导他们把这样的情绪表达出来。

第三，学习过程中，尤其是学段后期，心态调整很重要。而在心态中，情绪是关键。我们都说，当一个人产生情绪的时候，智商就会下降。我们可以尽量地让孩子关注成长中的收获，引导孩子的正向情绪。当孩子告诉你，无论如何都学不好时，我们除了担心、担忧，该怎么帮孩子从负向情绪里面走出来呢？

我总是学不好，这话其实只说了一半，接下来的潜台词是他不想学了。许多高中阶段的孩子都有这种想放弃的想法，心里希望高考快点结束，他们失去了希望感，觉得自己再怎么努力也没用。

家长就是应该给予他们希望感，要让孩子觉得，不到最后一刻，还存在很多可变性、可能性；要让孩子觉得，自己的任何努力和付出都是值得肯定的。

家长的目标就是把负向的认知转换成正向的认知。你感觉总是学不好，这只是结果，之所以会产生学不好的感觉，那是因为你总是在学，你才会发现自己没学好。因此，有没学好的感觉就表明你一直在学，只有学得越多，才会发现不足的地方也随之越多。而对于孩子，总是在学就是宝贵的品质。这样的思维引导就能给予孩子信心，给予他正向激励，从而，让他愿意继续投入学习，对未来产生更强烈的希望感。

我曾经就遇到过这样一个学生。在高中阶段，他无论怎么努力，学习水平总是班级垫底，为了能在班级里找到自己的位置，他主动担任劳动委员，每晚清理垃圾，一坚持就是两年多时间。在高三末期，他看不到希望，想在家休学。老师引导说，人与人之间的比较与竞争，有各自依靠的核心力量。如果从横向上没有办法竞争，我们不妨从纵向上去竞争，我们可以比谁走得更远。而一个人要想走得远，依靠的不是一时的分数，而是坚持与毅力，这正是你已然具备的东西。你在两年半的时间里任劳任怨坚持服务班级，说明你的坚持品质已经迁移到生活当中，变成了一种人生品质，这其实就是你高中最大的收获。具备了这种品质，你的未来也就具备了成功可能性。后来，这个孩子考上的是一所普通大学，但考硕士研究生的时候，他考上了一所211大学，后又考上了985大学的博士研究生。这个学生通过持续不断的努力，其后来的成长已经完全填平了过去与那些佼佼者之间的差距。

父母通过相信和等待，看到孩子未来的可能性。对于初高三的孩子，他们最需要的父母的帮助就是帮他们看到未来的可能性。要让孩子产生希望感，因为只有希望感才可以代替焦虑感。

家长自己要有期望感，同样能代替自己的焦虑感。要消除焦虑感，家长和孩子都需要尽量地去信任老师。老师不仅能从学习维度上引导孩子，还可以从心理和情绪维度上，给孩子安全感。因此，建议家长在跟孩子讨论问题的时候，尽量带着对老师的信任，相信学校、相信老师能够引领孩子取得好成绩，获得满意结果。

孩子也需要尽量靠近老师，心理学中有种说法——物理距离决定心理距离。当孩子和老师充分互动时，他的安全感就会强烈。互动不一定限于了解问题，哪怕只是课余时间到老师办公室走一走，跟老师聊聊天、说说话，都可以增加这种安全感。家长接送孩子上下学的时候，多与老师说上两句话，也可以降低自己的焦虑感。

家长该如何帮助孩子树立学习信心和找到成就动机呢？

首先，是要充分认同和积极共情，认同孩子在过去成长经历中做得好的那些方面。至于共情，就像刚才提到的孩子玩手机的例子，怎么让他放弃做这种行为呢？你可以这样表达：我知道，这周你在学校学习很累，回家想通过玩手机来放松一下自己，这是可以的，你可以得到放松，但是，要避免松懈。这样说，就是善意的体现、充分的共情，而要表达的结果是：放松可以，但不要松懈！

如果我们采用拒绝的方式，你就是在告诉孩子——我不信任你，不相信你没偷懒。有时候，其实不是因为孩子本身懒惰，而是被家长催出来的懒惰，你催得越急，孩子就越对抗越抵触，身体语言所显示的是原地不动，其背后体现出来的就是懒惰。

充分共情，就应设身处地地站在孩子的角度，去考虑那时、那刻孩子的需求。心理学中有句话：任何人做出的任何行为，一定有他当时、当地的合理性。孩子回来后，冲到妈妈那里去拿手机，一定是回家路上就惦记过这件事。他思考过这个问题，才会有这种需要。而我们能不能及时觉察到孩子的需要，就显得很重要。建立与孩子之间良好的亲子关系，需要表达自己真实的深层次担忧以及自己的真实感受。

四、与初高三孩子谈话，家长需要把握的基本原则

孩子在初高三这段时期，从谈话的技巧来讲，家长应该放缓语速变慢、降低声调，表达得清楚一点。因为当家长这样做时，家长自己的情绪也能得到很好的调节。

另外，孩子大考前家长尽量不谈学习，因为马上就要考试了，这时候再谈学习没什么实质性的意义；考后不谈成绩，因为此时成绩已经不会再改变了，谈成绩的意义也不大。

而当孩子真正愿意和你讨论的时候，聪明的家长都会从一个视角来分析：告诉他要向前看，而不是向后看。考试结束后，我们的总结也是向前看，不去纠结孩子没有考好，而是要看未来还有什么事可以做。告诉孩子，用当下的时间去遗憾过去、担忧将来，那就是在浪费当下，我们最需要关注的就是目前可以做什么。

家长也需要改换一下视角，考完之后不谈成绩，谈接下来的安排规划：还剩 20 多天时间，我们怎么规划会更加有效？怎样设计才会更加愉快？

我的建议是，在初三或高三这一年，孩子要愉快地巩固、幸福地度过、享受地度过。怎么享受呢？就是没有任何干扰，所有家人都聚焦于他，给他无微不至的关怀。家庭要营造好环境，让孩子在家里可以专心致志地做事情，让他沉浸其中。

人生中，其实很难有时间让自己心无旁骛地去做一件事，以带给自己一种深刻的体验。家长每天要面对很多事情，如果自己能有一个独立空间，可以看看书静一静，这就是一种享受。家长也可以把这样的信息传递给孩子。家长平常和孩子交流时，可以去分享一些人生故事，通过人生故事，去发现和掌握家庭教育的一些契机。

我给大家分享一则故事。我有个朋友，他的孩子的缺点是不够专注，关注点不在学习上，即使被批评教育了很多次，仍然没有得到改善。有一次，父母让他用电饭锅煮饭，结果他忘记加米了，差点引发火灾。

在母亲发火数落中，父亲询问了解到，孩子是因为脑子里想着作业的事，太专注，才忘了加米。于是父亲很快释然，他宽慰并提醒孩子：不够专注是

你的缺点，这次原谅你，是因为你专注于作业。

父亲观察发现，经过这次事件，其后相当长时间里，孩子都能保持学习时的专注。虽然行为的改变不可能因为一件事就一蹴而就，但对这个孩子来讲，这就是一种显著成长。父亲行为的背后反映的是一种教育观。作为家长，父亲知道此时此刻说这样的话，会比平时无数次说同样的话，更加有效。在孩子认识到自己的问题与错误时，父亲用宽容来呵护他，孩子的内心得到了滋养，于是开始产生内驱力。情绪铺垫到位后，对于同样的道理，效果就会好很多。我们把这一过程称之为教育契机。

无论家长还是老师，焦点就是去发现这些教育契机，给予孩子及时的鼓励和强化，从而去改变孩子。因此，教育是发现激发和转换的一个过程，越临近孩子面临重要挑战，我们越需要这样一种敏锐的视角，当然，还需要显化孩子的获得感。例如，在孩子考试不理想时，你会发现，第二天做作业的时候，他就特别专注。这时候，家长就可以这样鼓励他：你能迅速从成绩不理想的困扰中走出来，专注于学习，这一点很重要、很可贵，说明你处理情绪的速度变快了，能够迅速抛下过去的包袱。

孩子在做作业时没完全搞懂，有难题没有得到解决，但是他通过找老师、找同学求助，最后把作业全部做完了，哪怕时间长点、晚点，我们都可以鼓励孩子：你今天克服了畏难情绪，解决了作业难题，说明你的行动能力增强了，这一点值得肯定和表扬。

在孩子的行为中，我们把好的一面捕捉到、显化出来，强化孩子的认知。我们通过无条件的关注和关爱，促成孩子萌发和变化。

五、给初高三孩子家长的重要提醒

对于初高三孩子的家长，有三件需要做的事情以及三件需要谨慎的事情。

需要做的第一件事，就是营造良好的家庭氛围，尤其是夫妻情感氛围。特别是初高三孩子的家长，你们不妨学着重新恋爱一次，因为当你处在被爱之中时，你也会散发更多的爱的能量。而当你全心全意去爱一个人的时候，其实你本身也在被爱。需要做的第二件事，是做一个学习者，收集孩子升学发展的相关信息。当孩子面临重大选择的时候，不是家长告诉他应该选择什么，而是告诉他，有多个选项，每一个选项都有利弊，我们一起来讨论哪一个更适合自己。需要做的第三件事，是让孩子对未来充满期望感，驱散孩子的焦虑感。

那么，哪三件事需要慎重呢？第一件事是与孩子发生冲突需要谨慎。如果你强行把孩子的房门打开，那么你就关上了孩子的心门，请尽量避免那些会导致冲突的事情，尤其是在初高三时期。第二件事是不要离开。或许初高三时期的孩子会对家长表示我不需要你，但是你不要离开，因为，存在本身就是最大的支持，就表示你容忍接纳了他的情绪。第三件事是一定不要抱怨。哪怕是你在外面不如意，当着孩子的面，也不要提这些不高兴的事情，因为消极情绪会产生共振，会唤醒身边人对负向事件的认知。

最后，我想说，每个家长都是真心真意地爱孩子，我们要从爱孩子，到爱自己的爱人，再到爱我们自己，当我们有足够多的能量去爱自己的时候，我们才能散发更多的爱，去爱我们自己的孩子。

所以，当我们能够跟孩子处在一种同频共振的情绪氛围中的时候，孩子会自然而然产生安全感。大考之前，家长可以帮助孩子树立信心，掌握向前冲的强有力的能量。

■家长精彩评论

① 孩子在中考、高考前应减压，我发现其实家长在各种各样的学习中也需要不同程度的减压！不管家长还是孩子，学习的过程都需要被理解和引导。

② 静默陪伴是一种表达爱的陪伴、细心关注的陪伴、感同身受的陪伴、静静待在身边的陪伴……一个眼神、一个动作、一句话语、一个身影，都将是孩子坚持下去的源源不断的动力来源。

③　　武侯家长学堂第八讲给我们带来了中考、高考考前减压的专题分享，视角丰富、内容实用。我记住了这些关键信息——孩子：解决情绪问题是关键。家长：找准角色定位是重点。怎么陪：静默地陪伴。怎么说：技巧型沟通。考前"三要""三不要"的建议非常聚焦实用。

劳动教育 家庭何为

■主讲人

周建军，全国品格教育联盟副秘书长，四川省青年思想政治讲师。

■金句精华

1. 劳动教育的目标是多维的，其中最本质的目标，是确立一种劳动价值观，这是一种价值认知，是一种劳动品格的养成。

2. 劳动教育，让孩子的生活更完整。孩子除了有学校生活，也有家庭生活，还有社会生活，请让孩子感受一种被需要的感觉。

3. 当一个人产生自我价值感，同时又建立丰富联系的时候，他自然能够有一种美好生活的指向，所以劳动创造美好生活。

■演讲内容

当我们提起劳动教育这四个字的时候，许多人的脑海中，会第一时间浮现出那些辛苦的画面和内容。因此，当劳动课被确定为义务教育阶段的独立课程后，引发了社会广泛讨论。

针对中小学生要学会煮饭的要求，有的人发出了不理解的声音：小学生学做饭干什么呢？家长会放心让他做吗？长辈们会忍心让他做吗？中学生就更不适合了，他们忙着上学考试，哪有闲心和时间学做饭？有这时间还不如多看点书呢。当然，还有一些人为此叫好，他们认为劳动课不能够被主课所占，既然要培养德智体美劳全面发展的孩子，就不能轻视劳动课。

劳动教育成为必修课后，家长有哪些困惑或疑虑？我为此向 600 多位家长做了一些调查，家长疑惑的问题排名前三的是：第一，劳动教育会不会又变成家长的事，最后变成由家长代劳，在照片中摆拍；第二，新时代劳动教育是不是就是扫地做饭；第三，劳动会不会影响学习。我借武侯家长学堂这个平台，给大家分享以下观点。

一、用品格的视角，审视家庭劳动教育的过程与方法

在一些人的底层逻辑中，有种思维方式：教育上学是为了谋生，学习是为了考大学，考完大学是为了工作，考更好的学校是为了找到薪酬更高的工作。这背后是以谋生为逻辑的。现在很多人不愁吃、不愁穿，对孩子而言，在物质上是能够满足的。孩子上学接受教育，不只为了谋生。更高阶的理解是回归教育最本真的内容：教育是为了个人的幸福生活，是为了自己在社会上、在家庭中更好地生活。

我们要从法治角度去理解劳动教育。《中华人民共和国家庭教育促进法》的颁布在法律体系中发出了非常重要的信息。作为家长，我们需要关注的内容是该法第二章第十六条（六）：帮助未成年人树立正确的劳动观念，参加力所能及的劳动，提高生活自理能力和独立生活能力，养成吃苦耐劳的优秀品格和热爱劳动的良好习惯。

下面通过几个小故事，分享给大家我对劳动教育的感受。

第一个故事是我去我国台湾道和实验学校参访的故事，校方展示了茶艺课。这次的茶艺课有个小细节，令人印象深刻。古朴的教室里，在轻柔的音乐声中，前 5 分钟，老师带着孩子只做一件事情：用手轻轻去触摸茶杯。做这样的动作，是为了什么？在日常生活中，我们经常教育孩子，拿东西要轻拿轻放。这位老师在整节茶艺课中，根本没有说这四个字，可是所有学生都做到了轻拿轻放，因为孩子们用身体触觉感知到陶瓷的质地后，出于正常人的生理反应，自然就会轻拿轻放。这位老师没有说教，没有去讲一大堆正确的废话，没有着急去教授茶艺技能，而是通过让孩子们用触觉触摸陶瓷，就非常艺术地让孩子做到了轻拿轻放。

第二个故事发生在学校的劳动教育插秧课。那是七年级的课，我们带着孩子去秧田中插秧，城市中的孩子难得接触到秧田，很兴奋。一个男生纳闷地问："为什么插秧要往后退？"老师回答："孩子，虽然插秧是往后退，但就如我们的人生，退一步也是前进。正如古话所言：退一步海阔天空。"紧接着，有孩子问了第二个问题："秧苗越密就栽得越多，产量自然就更高，能不能再栽密点？"对此，一般的老师会从科学角度、农耕角度、化学角度来为学生分析，并告知答案。但这位老师解释："秧苗之间留出空间，反映了中国传统美学之一——留白。人跟人之间，即使关系再好，甚至相濡以沫，也要留出各自发展的空间。留足空间在，两人才能成长得更好。"而提问的学生，上周刚跟好朋友发生了矛盾，原因是他的好朋友跟其他人一起玩了，他感到被背叛、被忽略。老师通过秧田劳作，告诉他朋友间的相处之道：即使关系特别好，人跟人之间也是需要一些距离的。

我们的劳动教育不能仅仅存在于技能层面，还需要这样更高阶的思考。

第三个故事是我自己的故事。我哥来我家时，我们谈到了装修，他建议，家里装修的时候要遵循"631 理论"，即家中 60% 的东西要放在柜子里藏起来，30% 的东西要用各种储物盒装起来，10% 的东西是真正摆出来的东西，是有纪念意义的、传家宝之类的东西。他说，在现代家庭中，家里有不少东西难得用一次，有的东西甚至买回来后从来没打开过，处理这些东西会消耗你的精力和注意力，这时候，你会被物品所绑架。

留白的道理可以用在这里。给自己更多时间、空间来放空，不被物品所绑架。收纳，不仅仅是简单地收藏分类，到了初中、高中，让孩子感受到收纳给他带来的那种不被物品所绑架的留白感，这才是精神层面需要关注的。

第四个故事是关于我侄子过 10 岁生日。对于孩子，10 岁生日是重要的一个生日。我姐想送的礼物不同寻常，她要求孩子自己做一辆自行车。做自行车首先得设计，即画草图，这样孩子就有了设计思维；画好草图后，还需要动手去做自行车的各种零部件；为了环保，这辆自行车必须用竹子来做，这又传递了环保理念。

在侄子 10 岁生日前夕，这辆自行车终于做出来了，成为了孩子的生日礼物。这件礼物太有意义了，自己做的可以骑的环保自行车，我想孩子一辈子都记得这件 10 岁时收获的生日礼物。在制作过程中，他得到很多专业人士指导帮助，孩子的探索能力、情绪控制能力、注意力分配能力、时间管理能力，都得到了全面锻炼。孩子获得的不仅仅是劳动技能和自行车，还有他所享受的自信与自豪：我 10 岁就做了一辆自行车，这能让我骄傲一辈子。

这样的劳动教育跳出了教做饭、扫地等劳动技能课的思维，回归到我们作为个体的人的状态。教育部发布了《义务教育课程方案和课程标准（2022年版）》，相当于是未来学校各学科的课程纲要和导航灯，其中明确，劳动培养的核心素养有以下四个：

第一是劳动观念，要让孩子觉得劳动是件很光荣的事情，是很自豪的事情，我们千万不要把劳动变成惩罚，因为一旦把劳动变成惩罚，就没有它应该有的光荣、自豪、美丽了。第二是劳动能力，比如，扫地该怎么扫，拖地该怎么拖，该怎么使用劳动工具以及制作技巧和设计流程等。第三是劳动习惯和品质，比如孩子在做自行车的过程当中，克服困难，吃苦耐劳，强化了习惯和品质，以后遇到困难，就敢于面对。第四是劳动精神，劳动不等于劳动教育，家庭劳动教育不能够只有劳动没有教育，如果只是单纯地干活，就没有教育价值。

劳动教育的目标是多维的，其中最本质的目标是去确立一种劳动价值观，这是一种价值认知，是一种劳动品格的养成。

二、把身边的劳动机会还给孩子

现在一些家长认为劳动又不考试，没必要浪费时间，他们不让孩子劳动，以各种理由代办、包办。在机场，我曾看到很小的小孩，三四岁就自己拖着行李箱走，为什么他的家长会让他这样做，我想目的就是让孩子知道，自己的事情应自己负责。这句话人人都懂，大家也都这样去要求孩子，但实际上许多家长并没有给孩子成长的机会。我要传递给大家一句话：任何发生在孩子身边的人和事，都是对孩子成长和学习的邀请，而你不能够拒绝这项邀请，你不能不让孩子去面对邀请。

为什么要把身边劳动机会还给孩子？

我有幸遇到三位女性，第一位是我的母亲，每次我要做决定时，她的第一句话都是："你来做决定。"然后她会告诉我，做这个决定之后你可能会遇到什么问题。第二位女性是我大学时的郭老师，我大学期间热衷各种学生活动，我当时想办文学社、做视频、做时事评论类的杂志等，当征求郭老师意见时，她跟我说得最多的一句话就是："这个想法很好，你可以去试试。"然后，她会给我很多指导，帮助我做风险评估，分析可能会遇到的问题。第三位女性是我在工作中遇到的夏校长。我在操作任何项目的时候，她跟我说得最多的一句话是："我来支持你，你去做。"

对我而言，最大的成长来自我有自主做决定的机会，我不管是以儿子的身份、学生的身份还是以员工的身份，我都有自主做决定的机会。

当孩子尝试自主选择，并且拥有自主做决定的机会时，他会慢慢产生责任感，责任感一旦萌芽，他对生命就会有主动权，他会觉得我可以来掌控。我可以很坦然地悦纳自己，我可以来面对我的生命，我有主动权，我可以来决定。因此，父母要把身边的劳动机会还给孩子，再多说一句：你来做决定，这个想法很好，你来试试，爸爸妈妈支持你……

把劳动机会交给孩子，有三个理由。第一个理由是，假如让一个四五岁的孩子为家人盛饭，那么，他需要随时关心家里有多少人，考虑家里成员有哪些需求等，即使让孩子盛饭这样简单的事情，其背后也有非常多的教育信息和教育契机。第二个理由是，通过做家务，孩子参与家庭生活，他能够感受到我是家庭的一员，我是家庭的建设者，我不是简单的家庭享用者。让孩子参与家庭建设，增强他对家庭成员身份的认同感。第三个理由是，现在很多时候，一些家长会把孩子的生活窄化成学校生活，窄化成课堂生活，窄化成一张卷子，可是有着鲜活生命的孩子，同我们成年人一样，每天会遇到各种困惑和问题，我们不能将他的生活简单窄化。对很大一部分孩子而言，劳动教育让生活更完整。他除了有学校生活，也有家庭生活，还有社会生活，请让他感受一种被需要的感觉。他在自己家里做劳动、做各种家务的时候，他感受到被这个家庭所需要，这背后是一种自我价值感的体现，是自我实现的需要。

当把身边的劳动机会还给孩子时，要遵循两个原则。第一个原则是，要有容错机制。在家务劳动中，家长要允许孩子犯错，要给予孩子成长的空间，错误也可以变成成长资源，孩子是劳动的学习者，家长需要留给他成长的过程。例如，孩子不小心把牛奶泼洒在地上，家长不仅不要指责，还可以提示他，有各种材料的抹布，你去试试哪种抹布最适合擦牛奶，能够吸得最快、最干净，这就是很好的学习。孩子会发现，原来纯棉抹布吸附能力更强，涤纶抹布会一直不吸附，厨房纸也可以用。他学会了这些，以后遇到问题就明白该怎么去解决。孩子在家里打碎了玻璃杯子，一般家长会抱怨，把自己的情绪传递给孩子。其实，我们可以不慌不忙地站出来安慰："碎了就碎了，岁岁平安嘛。"扫完丢到垃圾桶的时候，家长不妨继续引导孩子，为他人着想，碎玻璃会划伤清洁工，可以想什么办法来避免？第二个原则是，千万不要把劳动当作惩罚，不然"劳动最美丽，劳动最光荣"就变成了空话，所有的劳动观念都烟消云散了。

综上所述，家长要把身边的劳动机会还给孩子，有三个理由：第一，要让孩子有决定权，孩子才能产生责任感，才会对生命有主动权；第二，劳动是重建家庭生活的方式，让孩子知道自己是家庭当中的一员，强化家庭成员身份认同的过程；第三，劳动帮孩子实现自我价值感，当孩子有自我价值感实现的时候，才能感受到被需要，内心才会慢慢充盈。

三、基于儿童理解，又遵循成长规律的家务指导

一是基于儿童理解，7 岁、10 岁、12 岁等不同年龄段的少年儿童有不同认知水平、心理和生理特点，因此我们要遵循它。每个家庭是不一样的，每个孩子也是不一样的，让孩子去选择他力所能及的事去做就可以了。

比如日常在家里整理东西：一年级整理书包、衣服；二年级整理沙发、书架；三年级把房间打扫干净，整理床铺；四年级整理衣柜中的换季的衣服，清洗马桶；五年级打扫卫生间，整理床铺；六年级整理鞋柜，学会换被套；七年级整理书桌衣柜、美化家居。针对不同年龄，引导孩子做力所能及的事，不要超过他的水平。

二是要根据儿童的认知发展规律，说儿童听得懂的话。家长告知孩子具体的步骤，给予一些符合年龄的具体指导。以收纳为例，那么有序的收纳有哪些表现？要关注什么？第一，随手收拾，孩子使用东西后，应该马上把东西放回原来的地方。第二，随时保持使用过的地方干净整洁，完成一件事情后，将散落的物品整理好放回原处。第三，物有定位，物归其位，物品要按照种类分好类，整齐摆放，一目了然，不要错放乱放。第四，按照每样物品的用途来使用它们，如在整理书桌的时候，铅笔盒、工具书都应有它们的位置。第五，物归原主，去妈妈房间拿了东西，借完之后要及时归还，捡到东西也能够还给失主等。

遵循儿童的认知规律，还要去发掘发现孩子的兴趣。对孩子而言，有两件事情很重要——吃和玩。这些是孩子的天性，我们要尊重天性。我们的日常生活劳动包括美食制作，我们可以根据节气的一些诗句，将一些食材拼凑成一幅画，或者拼凑成诗句中的某些画面，策划当美食遇上古诗词的活动等，很多学校都在探索这些符合儿童认知规律的实践。

遵循儿童的认知规律，还要给予孩子一些具体的方法。以收纳为例，大家动不动就说"把东西收拾好"，这句话很空。把东西收拾好，要经过非常细致的逻辑思考，是很缜密的活动。

第一，需要在生活当中去观察有序之美。超市货物的有序摆放、停车场车的整齐停放等都是生活中有序之美。孩子在生活当中观察到有序、整齐，

那么收纳就是从生活当中来的，不是老师要求我完成的作业，不是爸爸妈妈对我的要求。

第二，培养空间感。孩子在收拾玩具时，三个玩具放得进箱子吗？这是要学习的，有孩子会认为，一个小箱子就能放进去大玩具，这就需要培养空间感，需要引导孩子摸索：这个能放进去吗？我们要准备多大的袋子？

第三，学会分类。大家知道一些日本人收纳做得特别好，我通过关注他们在教育领域怎么培养孩子分类，发现在他们三年级的教材中专门有"分类"单元，内容非常细致，包括家中每件东西有不同的特点，按照不同特点整理分成的不同类别，分类的好处，与自我的联系，分类方法，等等，很细致。具体到我们的生活实践，比如收拾书包，有很多具体的流程：第一步先拿出课本、作业、文具盒；第二步将要上交的作业装进文件袋中；第三步将书包放在凳子上面；第四步将作业文件袋放进书包夹层；第五步将课本放进一些小夹层，放好笔袋，拉好书包等。

四、家长要以身作则，共同参与，树立榜样

家庭教育与学校教育最大的不同之处是，家长没有以专业的知识来教育子女，而是以家长自身的人格，以与孩子亲子关系为基础，是一种情与爱的底色，是用家长做人、做事的卓越行为，给孩子做出示范榜样教育。

为了分配家务劳动，有个聪明的妈妈想出一种方法——家务转盘，即把丢垃圾、取快递、照顾宠物等家务事列表在轮盘上，谁的名字在轮盘上被转到，家务就归谁负责。这就是以娱乐的方式，通过家长以身作则，共同参与，树立榜样。

五、让孩子通过劳动与实践，创造自己的美好生活

劳动与美好生活存在两套逻辑关系：第一，当孩子开始劳动以后，能够产生自我价值。作为工匠，别人做不出来的东西，他能做出来，他就能产生价值感；作为老师，他看到培养的学生桃李满天下，并且越来越好，他就感

受到价值感。第二，在劳动过程当中，很多关系会建立，如父母与孩子之间的亲子关系，孩子与孩子之间的朋友关系等。当一个人产生自我价值感，同时又建立丰富联系的时候，他自然能够有一种美好生活的指向，所以劳动创造美好生活。要关注价值感，就要关注到关系的建立，如果家人认为非常有价值，我们能够跟孩子共同参与树立榜样，孩子就不再会认为劳动是一种任务。

新时代的劳动教育不只是扫地、做饭，还要关注劳动的教育性。学生劳动不会影响学习。在新课标下劳动教育强调的是核心素养，是在复杂的情境下，面对各种繁杂问题，形成解决问题、产生价值的能力和品格。如果仍然局限于学知识，是迎接不了未来挑战的。

■家长精彩评论

①　　家庭教育不只是帮助孩子学会生活技能、陶冶情操，还能让他们认同自己的家庭身份、学会关爱家人，而且能让他们养成良好的劳动习惯和树立正确的劳动价值观！

②　　劳动教育并不是简单地教人干活，其深层次目的是对人格的培养，锻造不惧劳累的精神和坚持不懈、有始有终的毅力。这恰恰是很多成功人士具备的优秀品质。

③　　纸上得来终觉浅，绝知此事要躬行。我们的孩子在饱学知识的同时，一定要在劳动中去感悟责任和担当、去创造美好世界、去实现自我价值。

第十讲

如何帮助孩子做好生涯规划

■**主讲人**

曾侯森，全球职业生涯规划师，国际生涯教练，四川省职业指导专家团成员。

■**金句精华**

1. 只有当人们投入更多的精力来发展自己的优势，而不是改善自己的劣势时，才更有可能成长和成功。

2. 生涯规划就是帮大家找到目标，只要孩子找到了目标，他就会转化成自己的预期，自我成长发展，而不需要家长督促。

3. 只有健康的爱，才会让孩子有安全感、归属感，才会让孩子懂得爱是有条件的。

■演讲内容

我与大家分享的主题是：早做规划，不负此生，家长如何高质量地帮孩子做生涯规划。我分享的内容主要包括：第一，中小学阶段的孩子做生涯规划的重要性；第二，家长如何帮助孩子做生涯规划。

一、中小学阶段的孩子做生涯规划的重要性

（一）高考的需要和个人健康成长的需要

2020 年全国Ⅲ卷的高考的作文题目就是关于如何为自己规划，让考生回答：我想过怎样的生活，我能做些什么，如何生活得更有意义。这道题对很多没有思考过自己人生的孩子来说，是比较困难的。即使你不思考，高考的作文也会强迫你去思考这个问题。

（二）关系孩子在大学里如何健康成长

很多家长的期望就是孩子进入清华大学、北京大学之类的好学校。但实际上，很多研究发现，进入清华大学、北京大学的学生也不是人们想象得那么完美。北京大学心理健康中心的徐凯文教授有一项研究：北京大学一年级的新生，包括本科生和硕士研究生，有 30.4% 的学生厌恶学习，认为学习没有意义；有 40% 的学生认为人生没有意义，因为现在只是按别人的逻辑活下去，徐凯文称之为空心病。

从这个角度来上讲，如何帮助我们孩子应对高考、健康成长，也是我们做生涯规划要解决的问题。

再者，我们孩子未来都会面临大学如何选专业的问题。现在，关于专业的选择众说纷纭，如果在初中、高中阶段不能解决好的话，大学阶段就没有办法去解决它，如果大学解决不好，孩子未来就会面临更大的问题。《人民日报》的研究数据显示：79% 的大学生受访者在大学阶段想转专业。《中国青年报》也有类似的研究，发现大学生群体中，每三个人中有两个人想换专业，觉得自己选错了专业。选错了专业是痛苦的体验，各位家长可能不一定有切身的感受，你们读大学时，或许觉得选择专业不是件重要的事情，但是我们

的下一代不这样认为。

有的大学生把眼前的一切当过渡；有的大学生更糟糕，痛苦到否定自己的一生，把大部分精力用来跟自己搏斗，抵抗每一天睁眼就想死的念头，存在较严重的抑郁症倾向；有的大学生对所有的事物都有些兴趣，但找不到自己真正喜欢什么，不知道自己能够做什么。

为此苦恼的学生的比例在大学里非常高。不喜欢自己的专业带来的后果，就是成就感的丧失，效能感的降低，自信心的缺失，学习的内驱力和动机的降低，抑郁焦虑，等等。

（三）发现孩子的优势

我们过去往往认为，一个人的智商是有高低的。按照传统的心理学规则，智商的分布是呈正态分布的，只要孩子能够考上一所普通大学，他的智商就不会太差，所以很多人认为高智商和低智商的人都是少数，中等智商的人是多数，这是传统的智商观念。但是，美国哈佛大学加德纳提出了新智商理论，他认为每个人都有自己的智力优势，智商没有高低，只有差异。他把人的智力分为八个板块，有人在数学逻辑方面占优势，有人在人际关系方面占优势，有人在自然观察方面占优势，有人在语言方面占优势，也就是说，人与人的智商优势是不一样的。优势的八大领域被划分为：人际、语言、音乐、空间感、逻辑、运动、自然、类型。

我们从小学到大学是不考人际关系的，但我们往往发现，有的孩子在学校学习成绩不好，但是出社会后工作得如鱼得水，就是因为他的人际关系能力强。人际关系能力在中小学的价值教育评估体系里面是没有提到的。

智力优势决定了我们今后的教育要去研究人的优势，去发现每个孩子的优势是什么，而不是去研究人的短板。

只有当人们投入更多的精力来发展自己的优势，而不是改善自己的劣势时，才更有可能成长和成功。也就是说，改善劣势不是不会成功，只是成功的概率没有发挥自己优势的成功概率高。

人们常说，只要努力，就有可能。这样的鸡汤语言是很害人的，努力一切皆有可能，还有不可能。你拿自己的短板去跟别人的优势比，是没法比的，因为无论你怎么努力，别人在这个领域的天赋，都能很轻易碾压你，与其拿你的短板去跟别人的优势比，不如发展自己的优势。

生涯规划，就是要找到你的优势。

（四）帮助孩子找到自己的目标

心理学提到，有目的的记忆效果会更好。生涯规划就是帮大家找到目标，只要孩子找到了目标，他就会转化成自己的预期，自我成长发展，而不需要家长督促。

（五）帮助孩子高效率掌握自己的时间

大家都说，人生的本质就是一段时间，只有经营好自己的时间，你的人生才会更有价值。经营好自己的时间，就需要自律，之所以要做这件事情而舍弃其他，是因为我们有目标。大家来听我的课的目标，是希望掌握生涯规划的方法，帮助自己的孩子更高质量地成长。有了这个目标，你才知道该做什么事情，该舍弃什么事情。孩子的成长也是这样。

综上所述，为什么要做生涯规划，有五个理由：第一，考试的需要和健康成长的需要，高考作文与生涯规划相关；第二，专业与大学的选择需要早做生涯规划；第三，发现孩子的优势，人尽其才；第四，内化孩子的目标，让孩子自己有内驱力；第五，帮助孩子高效率掌握时间，能够断舍离，知道什么该做什么不该做。

二、小学阶段的生涯规划

下面我们讲小学的家长如何帮孩子做生涯规划。如果在小学阶段没有做生涯规划的中学生，也应该现在马上把它补起来。

（一）生命教育

生命教育是让孩子感受到健康的爱。健康的爱不是无原则的爱，不是溺爱。只有健康的爱，才会让孩子有安全感、归属感，才会让孩子懂得爱是有条件的。很多人认为爱是无条件的，我不这么认为，高质量的陪伴、健康的爱包含着高质量的交流和倾听是有条件的。家长要多听听孩子的想法，让孩子感受到爱，感受到生命的意义和价值。现在大学里有个别学生自残、自杀的现象，究其原因，就是孩子感受不到生命的意义和价值，感受不到爱。

那么，怎样让孩子感受生命的意义和价值呢？首先，作为父亲的你可以给孩子讲讲，当年你是怎么迎接他的到来，你为了迎接他的到来，你做了什么准备。比如你为了给孩子取名字，翻了多少书，让孩子觉得自己是一个很被别人珍惜的人、很被别人尊重的人。我们可以带孩子去观察动物的生长过程；每个月带孩子去一个固定的场合拍照，把照片整合起来就是一个生命的记录过程。然后，让孩子感受到生命的珍贵和稀缺性。比如：很多关于生命短暂的古诗词可与孩子共享；让孩子去感受自然奇观；带孩子去观察百年不遇的天文现象，让孩子庆幸在自己人生阶段遇到此现象。

（二）发现孩子的优势

要发现孩子的优势，就需要观察：孩子经常沉醉于什么，经常废寝忘食地做什么事，是玩乐高、阅读诗词还是看推理小说？就算是看电视，你要去观察孩子喜欢看什么类型的电视内容，发现其背后有什么样的价值观和倾向，孩子的特长就显示出来了。我们还可以看孩子擅长什么。比如：有的孩子喜欢当孩子王，他走到哪里都能将一群人招呼在一起；有的孩子对画画、摄影很喜欢，有美感的天赋；有的孩子有一种能体会别人心理感受的天赋，我就觉得我女儿体会别人的心理感受的能力比较强，如果她数学再好一点，学心理学就很适合；有的孩子计算好，有数学天赋；有的孩子喜欢测量，说明他动手能力强，这种孩子将来学工科就很合适。此外，家长还可以做测评，上了三年级的孩子可以做一做加德纳的多元智力测评，但是一定要找规范的机构，找专业的测评师，且对测评的结果只能参考，不能作权威性的结论。

（三）带孩子多去看看世界

带孩子去感受不同的职业，如果你身边朋友多，就带孩子去亲戚朋友的职业环境中待一天，让孩子看一看他们的工作环境是什么样，工作内容是什么，工作的社会价值是什么，再让孩子问一问如何进入这个行业。比如，我的女儿以前说想当钢琴老师，问她为什么要当钢琴老师，她说钢琴老师长得漂亮，妈妈说钢琴老师收入高。我问她知道怎样才能当上钢琴老师吗，她说不知道，我就告诉她，要当钢琴老师，至少要考上音乐学院的钢琴专业的本科。她马上就知道了，要从事一项职业，就要先接受相应的大学教育。

此外，应让孩子去了解社会。成都有很多先进的产业，我们可以带孩子去了解一下新能源、大数据、人工智能、机器人、医疗健康、大飞机工程、先进轨道等产业。你带他去了解，带他看更多的世界，他才能知道如何选择。如果孩子不知道怎么选择，那是因为他没去了解过。

家长可以带孩子去游览大学，如成都的高校，去感受大学的环境，让大学对孩子形成吸引力。

（四）帮助孩子构建未来的目标

家长经常问孩子：你未来想从事什么样的职业？孩子不一定回答得出来，但是你经常问他，他就自然会开始思考；如果他有了喜欢的职业，就要问他为什么喜欢，并耐心地倾听；也不要担心孩子没有答案或改变想法，只要他去思考就可以了。

你的目的就是要让他从小学开始就学会思考，你可以问一问，他今后想跟什么样的人在一起，想过什么样的生活？他说想过好生活，你就问他什么是好生活，收入多高，买多大的房子，你跟谁在一起，把它具体化，让他一层一层地去描述。不管孩子有什么样的梦想，都不要否定他，要去倾听，挖掘他背后的含义，让孩子逐渐去思考自己的目标。

（五）培养孩子的基本能力

我们可从孩子力所能及的事情，去观察孩子的能力。他自己解决问题之后，他就有了对生活的掌控感。现在很多孩子之所以不愿意选择，就是因为家长从小剥夺了孩子对生活的掌控感，孩子就不愿意承担责任。时间管理能力和统筹优化的能力很重要，现在小学四年级的数学就已经开始讲统筹学了。时间效率也是生涯规划里面的核心内容。

此外，家长还可以让孩子培养一项持续性的爱好。让孩子自己选一个爱好，不管是弹琴还是打篮球、游泳，让他选一项，并持续性地去做。需要注意的是，第一，让孩子自己选择；第二，孩子选择之后达成协议，且把协议公开，让家人朋友都知道是他自己选的；第三，一定要督促孩子持续训练。让他明白，答应了，就必须守承诺，培养孩子坚韧不拔的精神。帮助孩子从小养成一项爱好，这项爱好不一定对高考有多大帮助，但能让孩子明白生活是可以掌控的，他是可以克服各种困难的。

孩子的成就感，除了我们对他的肯定和表扬，还来自自己能够解决问题。

孩子高考考得好，他就会信心爆棚，认为：高考都能熬得过来，我还有什么熬不过来的！他一定会有这种感受，自信心是可以迁移的。

综上，小学家长如何做好孩子的生涯规划：第一是进行生命教育；第二是挖掘孩子的优势，生涯规划一定是基于孩子的优势去思考，而不是基于孩子的劣势；第三是带孩子去看世界；第四是构建孩子的目标；第五是培养孩子的基本能力。

三、初中阶段的生涯规划

初中的家长除了完成小学五个任务，还要开始建立学习自信，让孩子有良好的学习习惯和学习能力。孩子的目标应具体化，家长应继续强化孩子的目标，隔三岔五地问一下他的目标是什么，哪怕他不理你、没有给你答案也不重要，目的是不停地去强化他的观念。初中的家长一定要让孩子了解职业和专业了。孩子自己没有具体化的目标，家长帮他具体化也是可以的。

那么，怎样让孩子了解专业情况，我向大家推荐以下渠道：

第一个渠道是学职群网，里面有很多 985 大学和 211 大学的学长、学姐，他们在该平台上介绍大学各个专业学什么、未来的发展趋势是什么。第二个渠道是微信公众号"博士科技"，其有大量的专业介绍，把大学的每一个专业写得非常详细，比如大学的某个专业需要什么能力，高中怎么选科等。第三个渠道是知乎网，比如可以去问学临床医学类的专业需要什么能力，或是问学广告学专业有没有前途，平台会提供很多答案给你。第四个渠道是学信网，这教育部的一个网站，上面有很多专业百科和职业百科，还可以做职业测评。第五个渠道是阳光高考网，它是教育部直属的网站，上面也有专业百科，非常经典和权威。大家可以根据自己实际情况做选择。

我觉得，初三就可以开始了解专业了。如果觉得不可能，那是因为你们没有让孩子做，你真的让孩子们做了，他也是有感受的。

我了解到，重庆有一所学校，校方让孩子们在初三开始做职业访谈。例如孩子想当心血管外科医生，那么就找一个心血外科医生去访谈，列出提纲，想了解什么就问什么：第一，该职业的工作内容是什么。第二，职业招聘的标准是什么；需要什么专业、学历才能应聘。第三，该职业对人的性格、兴趣、价值观有没有要求，对身体素质有没有要求。第四，这个职业干得好的人有什么特点，干得不好的人有什么特点；哪些人适合干这个职业，哪些人不适合干这个职业。例如老师这种职业，我认为，没有耐心的人是不适合在小学工作的，小学老师一定要把耐心和爱心排在第一位，但是大学老师和小学老师的标准又是不一样的。第五，职业未来发展趋势是什么，发展路径是什么；职业的薪酬如何，隐形福利是什么。第六，你最不能忍受这种职业的地方是什么；你最喜欢这种职业的地方是什么。

我们可以倒过来思考生涯规划，让对方回答：如果让你重新选择职业，你还会不会选它？为什么？孩子拿着这份提纲去访谈，自然就会写出一份报告，他的思路就清晰了。因此当我们认为孩子不了解职业，是因为没有机会让他了解。

家长可以让孩子去找一个优秀的大学生做生涯人物访谈，如拿过奖学金的大学生。孩子与他的访谈包括：主要的专业课程是什么？最难的课程是什么？专业的录取标准是多少分？高中要选什么科？这门专业对人的兴趣、性格、能力、价值观有没有要求？学得好的人有什么特点？学得不好的人有哪些特点？哪些人适合、哪些人不适合？这个专业的未来的趋势是什么？这门专业毕业生主要从事哪些职业？专业的相关性有多大？这门专业最好的高校是哪所大学？专业中你最不能忍受的地方是什么？你最喜欢的地方是什么？如果让你重新选择，你还会不会选它，为什么？孩子以这些问题，问同一专业的三个人，他马上就很清楚要做什么了。

家长还可以去看一看对大学专业详细解读的书籍等。向大家推荐三本书——《你的职业性格是什么？》《不必火星撞地球》《天才也怕入错行》。家长可以与孩子一起看，看完了之后，听听他有什么感受和收获，与他交流一下。在交流的时候，家长先不要说话，让孩子先说话。先心平气和地等孩子把话说完，再有针对性地进行引导。

四、高中阶段的生涯规划

高一、高二的家长，除了完成初中阶段的任务，还要做以下的事。

第一，需要做四项测评：①职业兴趣测评；②MBA 性格测评；③加德纳的多元智力测评；④价值观测评。兴趣测评，是测试孩子喜欢什么；性格测评，是测试孩子适合什么；加德纳的多元智力测评，是测试孩子擅长什么；价值观测评，是测试孩子看重什么。测评后，对孩子优势的了解基本上八九不离十了。但是，所有的测评只能作参考，不能作权威结论。因为人是在不停地发展和变化的，不能用当下的测评作为未来的依据，它只能作为参考。

第二，一定要开始深度了解专业和高校，且把目标具体化。举个简单的例子，土木工程专业的老师喜欢的学生，可能是踏实、稳重、保守的，因为对于工程行业安全质量很重要；电子工程专业的老师更喜欢有想象力、爱冒险、不走寻常路的学生。这两类人的选择如果正好相反，那就不是学生的问题，也不是专业的问题，而是选择的问题。

第三，了解职业是什么。例如家长希望孩子从医，最好找三个医生来了解。第一个是刚工作一年的医生，第二个是工作五年的医生，第三个是工作十五年以上的医生。三个人访谈的内容不一样，访谈刚工作一年的人时，问他是怎么被招聘的？招聘的标准是什么？在大学期间做了什么事情保证他进入这个行业？访谈工作五年的人时，问他升迁发展、现在的满意度如何？访谈工作十五年以上的人时，问他是否后悔？想不想重选？根据他们的回答，孩子就清楚这个职业适不适合自己。

对于这方面，各位家长自己也有很多职业生涯的经验传递给孩子，也就是家传。

此外，我们还可以看职业类的书籍，如前程丛书《这就是建筑师》《这就是投资人》《这就是会计师》……这套书可以让孩子清晰地知道一条产业链中的龙头企业、招人的标准、职业发展的路径等。

第四，一定要让孩子形成自己的学科优势，至少要有一两门擅长的学科。要让孩子有自己的学科优势，其一要确定目标，目标是自己定的，要有内驱力，若今后想考什么样的大学、什么样的专业，高一、高二就应开始让孩子建立目标，并具体化。其二是一定要让孩子形成一套高效、高质量的学习习惯。其三是要让孩子掌握一种学习模式：一定要做笔记，做思维导图，将知识框架化、体系化；整理错题集；让孩子将学到的知识讲给别人听，或者让孩子跟家长讲，休息的时候让他讲讲今天学了什么，他给别人讲的时候，自己也懂了。

让孩子跟学霸在一起，与优秀的人为伍。我身边有很多这样的孩子，他们就是普通人，当年考上四川师范大学时成绩也不算是顶尖，最后很多人考上了更好大学的硕士研究生，就是因为他们乐于与优秀的人在一起。

孩子在高一的时候，就应该知道升学路径有哪些。高考不仅有统招，还有强基计划、综合评价，以及艺术类、体育类、飞行员、保送生等招生。对于这些特殊类的招生信息，各位家长应该认真地研究一下，这是很重要的。

第五，制订一个行动计划，建立起监督体系。让孩子制定学习计划，不需要做没有意义和价值的流水账。假设想考上北京外国语大学，英语至少要140分，若现在的测评成绩为120分，还需要提高20分，那这20分该怎么提高？根据老师给的建议，需要突破单词关、语法关、阅读关等。单词关怎么突破？假设高考要掌握4 000个单词，每天花2个小时记30个单词，准确率达到90%以上，通过一年，最终单词掌握量就能达到4 000个，这才是学习计划，是以目标为导向，反推我当下的行为。

我要怎么做，我最终解决什么问题，要以目标为导向，反推我每天要做什么事情，这是行动方案。我们可让孩子写出行动方案，开一场隆重的家长会，把爷爷、奶奶、姥爷、姥姥都请过来，这是你们孙子计划的一个"伟大"的行动方案。大家鼓掌支持，让所有人都监督落实。接下来，家人每周都来问一下：为了实现梦想，你上一周实现了多少目标，做了什么样的事情？为什么没有实现？是哪些困难造成的？需要家长什么帮助？你今后要怎么做？这样，让孩子当着亲朋好友，当着他信任的人，把他的梦想说出来，公开承诺，我们也可以给予他一定的奖励措施。随后我们让他打卡，一步步推进计划，孩子觉得半年后我会很厉害，就会非常有成就感，他会增强自信心。

第六，家长要让孩子开始有成果，积累自己的成果，强调成果意识。特别是标志性的成果。

标志性的成果包括学习的获奖、各种平台获奖、社会实践等。我鼓励各位家长给孩子建个微信公众号，孩子写了篇作文，可以帮他编辑出来，这就是作持续性的输出和持续性的强化。

要想高考作文写得好，高质量的阅读最重要。什么是高质量的阅读？首先要读高质量的文章，其次要深度地思考，最后还要写出高质量的文章。

给孩子买了一本书，让他读了后写心得体会、写感受，然后可以帮他发在微信公众号上，持续地发，甚至去出版，也是一项成果、一段人生记录。

一些孩子在哔哩哔哩平台建了账号分享自己的摄影作品，或者将各种学习和成长中遇到的问题做成视频，浏览量甚至超过 10 万。这些孩子去考中国传媒大学一类的高校是很受欢迎的。

综上，高一、高二的家长帮孩子做职业生涯规划，需要做这些事情：第一，带孩子去做测评；第二，持续了解专业和学校，一定要去真正了解专业和学校；第三，深度地了解职业；第四，形成高效的学习能力，形成思维导图，讲给别人听，建立一个学习方案，形成一个监督体系；第五，打造个人的成果。

对于高三的家长，选专业以后我的建议是，让孩子在暑假玩一个月，第二个月开始让孩子尽早地适应高校生活，千万不要觉得在大学可以躺着就赢了，大学的竞争不比高中轻松。高中的学习是为了考大学，大学的学习是为了转换。

孩子在高三选专业的时候，我的建议是以职业为导向来选专业。目标导向决定了你当下的选择，文科优先选学校，理工科优先选专业，学校、专业、城市三者不可兼得。很多广东人觉得中山大学好，但许多人北方不知道，因此，不要给孩子太多局限，建议各位家长还是要优先选学校和专业，把城市放在最后。至于城市，在东北读书，未必一定要在东北实习，去其他城市实习不是难事。

五、大学阶段的生涯规划

孩子进了大学，家长还能做什么？第一，孩子进入高校后，了解学校保送研究生的政策。只有知道保研政策，知道怎么加分，规则是什么，你才知道该怎么去努力，该如何按照游戏规则来做事情。第二，与优秀的学长交流，大一就向奖学金拿得多、学科竞赛获奖多、考研保研、就业模范这四类学长

"取经"。第三，弄清自己能够参加的学科竞赛，明白大学性价比最高的事情就是发表论文和学科竞赛。发表论文有几个好处：评奖学金要加分，保研要加分，考研面试要加分，找工作要加分。做一件事情得四项加分。第四，尽量考过英语四级、六级或托福、雅思。高三毕业休整一个月后，马上开始复习英语。趁着英语好，大一就过英语四级，越早越好。因为很多人发现，高中是人生智力水平的高峰期。第五，根据自己的职业目标，来确定自己大学四年的生活。目标的不同，决定了当下行为的不同。

关于小学、初中、高中、大学四个阶段的家长，如何做生涯规划，我们做了以上简单的讲解，希望能够对你的孩子的成长有所帮助。祝愿每个家长的孩子都能够不负此生，有精彩的人生。

■家长精彩评论

① 凡事预则立，不预则废。生涯规划很有必要！生涯规划才是终极抢跑。找到孩子的兴趣爱好或者擅长的事，树立目标，参与孩子的人生规划。

② 当年我们读书时根本不懂生涯规划，对其毫无概念，最直接的影响就是高考后填志愿毫无头绪，最后选了不太适合自己的专业，也影响了之后的就业和发展。很多父母不知道何为生涯规划，也不知道它的必要性！这一讲对家长朋友们来说太有必要了！

③ 小学阶段让孩子去体验；初中阶段让孩子去真实了解；高中阶段让孩子有目标地去推动自己；高考后以职业为导向去制定大学规划，来决定未来的发展！小时候的我们最爱说自己的梦想，希望现在的孩子能一直保持有梦想并持续创造梦想的状态！

第十一讲

父亲的责任

■主讲人

周晓波，成都市家庭教育促进会会长，四川省家庭教育研究会暨四川省家长学校总顾问，川渝两地家庭教育特聘专家。

■金句精华

1. 父亲在家里有应该担任的角色，有应该具备的特点。

2. 陪伴孩子的过程其实也是我们自我人生体验与完善的过程。

3. 父亲一定要主动维护爱情，父亲在情感上的态度，决定了孩子将来对自己人生爱情的态度。

■演讲内容

对于父亲在家庭关系中的责任，中国社会往往习惯于理解为：男主外女主内。实际上，古人对这句话的完整阐述是：男主外女主内，男女正，天地之大义也，家人有严君，父父子子，兄兄弟弟，夫夫妇妇，家正天下定。对其完整的理解是，父亲和母亲都应该在家里发挥自己的作用，并不是男主外女主内的简单分工，尤其在现代社会，父母亲实际上都有自己的社会生活，家庭经济来源不只是来自父亲，也来自母亲。实际上父母双方都主内，也都主外，只是各自的分工不一样。

在家庭教育里，父亲需要担负责任。关于父亲应该担负什么样的责任，我们从以下六个方面来说。

一、从民族文化传统的角度，看父亲的责任

在我们几千年的历史中，做人做事、安身立命，小到以身作则，大到著书立说，都是父亲在做这些事情。《尚书》首次提出了家庭教育标准：父义、母慈、兄友、弟恭、子孝。意思就是，父亲要公正，有原则有底线；母亲要慈爱；兄长要友善；弟弟要对兄长恭敬；儿子应该有孝道。到了汉代，《孝经》提出：人之行，莫大于孝，而孝莫大于严父。也就是说，如果我们要培养一个懂道理、懂规则、孝敬父母、有益社会的人，依赖于一个严格的父亲。这说明了父亲在家庭里的作用。《孝经》还有这么一句话：圣人因严以教敬，因亲以教爱。也就是说，在教育的子女过程中，要培养出一个出类拔萃的人，必须要严格要求；要培养出一个懂得爱的人，必须要用亲情去跟孩子相处。虽然这是古人的话语，但实际上对今天的我们一样适用。对父亲教育责任的这种认识，一直贯穿到当今。

接下来，我们讲一讲历史传统中，父亲对子女的影响。我举三个例子。第一个例子是孔子教诲他的孩子孔鲤。有天孔子看到孔鲤从面前经过，孔子就问孔鲤读书没有，孔鲤说还没有。于是，孔子就说了一句话：不学诗，无以言。另一次，孔子又询问他读书没有，孔鲤还是说没读，于是孔子又轻轻

地说了一句：不学礼，无以立。在孔子的时代，有两本书是他要求弟子必学的：一本是《诗》，《诗》就是今天的《诗经》；另一本是《礼记》，这本书讲的是规则制度方面的内容。孔子教诲儿子：如果你不读《诗经》，你就不知道该怎么说话；如果你不读《礼记》，你就不知道该怎么做人。

第二个例子是关于诸葛亮的。诸葛亮感觉自己生命快要走到尽头的时候，给他8岁的儿子留了一封信，今天我们称之为《诫子书》。诸葛亮胸怀博大装有天下，他对孩子的要求也很高，我们熟悉的警言"宁静致远，淡泊明志"，就是他写给儿子的。

第三个离我们时代更近的例子是关于100多年前的曾国藩。曾国藩的官职在清朝达到了汉人官员的最高层级，他做了不少大事。他非常重视家庭教育，写了大量家书，留下一本厚厚的《曾国藩家书》，内容是跟自己的子侄讲做人的道理，讲成长的方法。书中有一句话令我印象深刻。他说，常人多愿自己的子女做大官，但他却不这么想，他不希望自己的孩子们做大官，而是希望子孙成为读书明理之君子。

讲完这三个例子，可以看出父亲们在家庭教育这个领域最大的贡献是著书立说。孔子、诸葛亮、曾国藩都有自己教子的专门书作。可以说，在历史上，我们中华民族从来就没有停止过家庭教育的著书立说，父亲们总结自己的做法，记下自己的心得，传给后人。

南北朝时期有一本书是《颜氏家训》。乱世之中，当官的老爹担心纷纭乱世影响了孩子的价值观，影响孩子的健康发展，于是他一边为官一边著书，专门教育自己的后代。书中谈到父亲时，提出：父子之严，不可以狎；骨肉之爱，不可以减。意思是，父亲和孩子之间的关系不能太熟、太随便。而父亲在家里给孩子的形象应该是一个有原则、有底线、顾大局的形象。如果你和孩子的关系处得太随意，你的威严、底线、原则这一切就没有了，孩子就不听你的了，对你的态度就怠慢了。此外，骨肉之爱，不可以减。就是说，我们家里的亲人之间，要关爱，要表达，不能因亲近而无所谓了。现在一些人不善于在亲人之间表达感情，有人说这是我们中国人的特点，其实，骨肉之爱不可以减，这才是我们中国人的特点。如果亲人之间不表达感情，你对父母的孝敬、对孩子的慈爱就无法连接。

古代吴越国的国王钱镠写了一本《钱氏家训》，其中谈到很多家庭教育具体的内容，包括在个人、家庭、社会、国家各个层面的一些要求。作为父亲，他告诫孩子做人、做事道理。在个人层面，他提到一个很重要的观点——心术：心术不可得罪于天地，言行皆当无愧于圣贤。就是你向圣贤看齐学习，平常的言论不能得罪天地，天知地知你知我知，要摸着良心做事。

到了北宋，范仲淹有云："先天下之忧而忧，后天下之乐而乐。"范仲淹，一方面严格要求自己，另一方面对自己的子女严格要求。他留下了一篇100个字的《百字铭》，名门都拿来做座右铭，随时提醒自己、提醒孩子。里面谈到，孝道当竭力，忠勇表丹诚；就是要努力去做到尽孝，要勇于证明自己的丹心赤子之心。"兄弟互相助，慈悲无过境"——兄弟相处要相互帮助，慈悲行善，永远都不算过分。这些话留给孩子，用来要求我们的孩子，对孩子的成长和对孩子的品格形成，都非常重要。就是古人的立德树人。

到了南宋，著名的思想家朱熹写了一本《童蒙须知》，作为孩子启蒙的读本。他认为，童蒙之学，孩子的启蒙，始于衣服，衣服冠履为第一，言语步趋为第二，洒扫涓洁为第三，读书写字为第四，杂细事宜为第五。1 000年前的中国人就要求孩子：你要打扫卫生，要清洗自己的衣物，要把自己的东西放整齐，这些事情做好了之后，才能去读书写文，也就是说，读书做文章是最后一步的事情。遗憾的是，我们今天好像全部反过来了，很多时候前面的要求我们都不做，直接奔读书去，而读书只有一个目标：高分，让孩子陷入唯分数论。这不仅让亲子关系很紧张，还让孩子的价值取向过于单一，一旦分数不如意，还可能引发悲剧的后果。

二、从社会学的角度，看父亲的责任

在社会学的认知中，家是由婚姻和血缘、收养关系组成的社会最基本单位，其中主导者是夫妻。现在谈到家庭，人们经常听到原生家庭、核心家庭。原生家庭就是父母与你组成的家庭，核心家庭指的是你们夫妻俩和孩子组成的家庭。两个家庭对比之下，显然，核心家庭更重要，但我们很多言行、我们的思维习惯、做事方式，很可能和我们的原生家庭有关。

现在强调原生家庭有一个误区，把所有问题推给原生家庭，把责任推给爸爸妈妈。尽管原生家庭的确影响巨大，但我们还应该注意到，人是有学习能力的，你是可以成长的。原生家庭给你带来的不良影响，你是可以摆脱的，长大后，你有文化、明白道理，有很多事是可以主动去改变的，不能把所有的不幸都归罪于原生家庭。原生家庭可能是其中的原因之一，但它不是必然的一个原因。

在核心家庭中，夫妻关系是第一位的。在很多时候，我们把夫妻关系放弃了，只围着一个孩子转，家庭成了大学生加工厂。正如有人所描述的，爸爸负责挣钱，妈妈负责做饭、照顾生活，孩子负责学习。家庭生活变得非常简单。孩子只管学习，只管去考试，但是大家是否发现，孩子即使读了高校也容易做出极端的事。

是不是我们把孩子的学习搞好之后，孩子就可以幸福了呢？什么才是我们培养孩子追求的目标？这些问题留给大家思考，因为在座的家长，你们的孩子还小，还有很多时间来思考这些问题；如果大家放弃了这些思考，还沉浸在一些比较偏颇的观念里，很有可能，你的孩子在你的引导下、带领下、影响下，会积累很多问题，这值得你重视！

从家庭社会学的角度出发，家庭功能总共有 8 个：经济功能、生育功能、性生活功能、养育抚养与赡养功能、教育功能、情感交流沟通、休闲娱乐功能、文化传承功能。这 8 个功能中有好几个涉及孩子，如教育功能、文化传承功能、娱乐休闲功能。家有文化传承的功能，在我们几千年历史长河中，当社会混乱的时候，很多基本的价值观与文化是保留在我们家庭里的，家庭承担了文化和价值观的火种保存功能。

什么是家长？大家理解的家长，比较通俗的说法就是一家之长。在封建社会中，因为母亲一般不读书，家长的责任全部都是由父亲来承担的。父亲意味着一言九鼎，意味着必须服从，同时，有了这些尊严，也就有了相应的责任：保护家人、教育家人、兴旺家族。今天，尽管母亲来分担了一些教育功能和传承功能，但是父亲不可能放弃责任，也不该放弃责任。

三、从教育学和心理学的角度，看父亲的责任

人们常说，父母是孩子的第一任老师，家庭是孩子人生的第一所学校。这话我们一方面要强调，另一方面也要适可而止。家庭和学校的功能不完全一致，家庭就是家庭，学校是学校，我们之所以把家庭比喻成学校，是因为家庭有教育功能。但大家一定要记住，家不仅是学校，爸爸妈妈不仅是老师，家有自己的特点，家的特点肯定不同于学校，家是有血缘联系的。

教育学视角里，在影响教育孩子的过程中，为什么父亲那么重要？

在家庭中，爸爸和妈妈性别不同，两种性别都有各自的特征。父亲在家里有他应该担负的角色，有他应该具备的特点，如果父亲不参与力量教育、保护教育，那他一定不是个好爸爸，他无法发挥很多社会功能。

我要强调的是，男人要像男人，不是你要板着面孔面对孩子，不是不愿拥抱孩子，而是恰恰相反。

心理学更强调进行性别教育。对于一个男孩，如果他的父亲不像父亲，他就找不到成长的参照，他就会陷入困惑，不知道该采用哪一种标准。对于一个女孩，和爸爸相处，就可以让她体会到如何与异性相处，建立她的性别意识；同时孩子看到的爸爸妈妈之间的相处模式，就是孩子将来寻找另一半、跟其他的异性相处的模式与方式参考，她需要从父亲的行为中去观察、去感受。

如果我们回家后，沉溺于游戏娱乐，与家人缺乏互动；在周末和节假日，你忙于与朋友往来，没有和家人相处，孩子心目中就会觉得这是他将来的生活模式，他将来也应该是这样，他很可能会模仿你。因此，家庭休息时间一定要交给家人，而不是交给其他人。

四、从法律的角度，看父亲的责任

法律中有以下概念：第一个是未成年人，第二个是限制民事行为能力人，第三个是无民事行为能力的人，第四个是法定代理人，第五个是监护人。

什么是未成年人？中国的法律规定，18 岁以下的人都是未成年人，对 8

岁前和 8 岁以后的未成年人再作区分：8 岁前的人为无民事行为能力人，8 岁到 17 岁的人为限制民事行为能力人。当他们不具备完全的民事责任时，国家规定由一个法定代理人来代表未成年人的利益，要维护他的利益，要照顾他，法定代理人就是父母，我们称之为监护人。你要为孩子的行为承担责任，要监护孩子的行为，要促进他的成长，维护他的利益。

《中华人民共和国民法典》的第三十四条规定了监护人的职责：代理被监护人实施民事法律行为，保护被监护人的人身权利、财产权利以及其他合法权益等。

这些权利中有哪些是孩子的权利？《中华人民共和国未成年人保护法》在第三条中规定了国家要保障未成年人的生存权、发展权、受保护权、参与权等权利。孩子是有参与权的，但很多家庭把孩子的参与权取消了，例如不经孩子同意，把孩子的压岁钱花掉了，这就涉及是否足够尊重孩子的问题。除了《中华人民共和国民法通则》《中华人民共和国未成年人保护法》，《中华人民共和国家庭教育促进法》如此定义家庭教育：父母及其他监护人为促进未成年人全面健康发展，对其实施的品德教育、身体素质的影响、生活技能、文化修养、行为习惯等方面的培育、引导和影响。该法清楚地明确了父母责任的五大方面：品德、身体素质、生活技能、文化修养、行为习惯。我们单说生活技能，一些孩子有没有都不好说，更不用说全与不全。还好，现在由政府开始倡导，孩子必须锻炼身体，必须去参加劳动，必须学会几门生活技能。本来，这些事情不该政府来做，都是父母应该担当的责任，但一些人放弃了，国家只好用法律形式强制父母这样做。

在文化修养方面，一些家长素质不佳，在道德修养上，做父亲的可能有时还不如一个孩子；在行为习惯方面，一些父亲回家后物品乱丢乱放，不洗脏衣、脏袜。这些都不是作为家长该有的行为。

无论是民族文化传统，还是学科知识、法律规定，都对父亲教育子女提出了要求，但遗憾的是，今天的某些父亲，没有承担起自己教育孩子的责任，认为这件事情该由母亲来干，他只管挣钱。如果是这样，这样的人不能称为父亲，只能称为家庭的投资人。

作为家庭的重要成员之一，父亲有那么多的责任需要担当，有那么多的事情需要面对孩子。如果父亲做不到这些，父亲面临的，是法律角度的底线；如果父亲做不到，那你的孩子也做不到，那么，如果他成长得不够好，你不能怪他。

更严重的是，如果你的孩子出现了严重不良行为，甚至是犯罪行为，公安机关会出面，根据情况予以惩戒，而且会发出家庭教育指导令，强制你必须接受家庭教育学习，如果你不学习，就会面临罚款、拘留甚至追究刑事责任。这就是家庭教育上升到法律层面之后，国家现在有一套法律措施，来强制要求每个家长做到自己该做的事情，尽到自己的本分。

其实，我们根本没有必要走到别人要求我们怎么做的地步，毕竟，这一切是为了培养一个更好的孩子。可惜的是，社会上总有一些人会走到这一步，好在大多数的家长不需要如此，那么他们唯一可能存在的问题，是"我该做些什么事情"。

五、做父亲的乐趣与意义

做父亲的乐趣与意义在哪里？每个人都是从幼年成长起来的，在成长过程中肯定会有一些遗憾，总觉得如果当时父母把哪方面教育好，我今天可能就能发展更好。现在你有家庭，有子女，就有机会去把你自己过去的那些遗憾弥补。一代人有一代人的生活，但是在孩子未成年的18年里，在他的价值观、行为习惯、道德品质等方面，父亲的影响其实就在给他注入家族的基因，你可以通过你的孩子弥补自己所缺。自己没上过大学，没学过一门艺术，想学，却因为各种各样的原因没学成的东西，都可以在孩子身上补上，用你的理想、用你的缺失作为动力，推动孩子往前走，完全是可以做到的。当然，不能去强迫孩子。

陪伴孩子的过程其实也是我们自我人生体验与完善的过程。过去没当过父母，突然有个孩子喊你爸，对你百依百顺，你就突然感觉我必须对这个小生命承担责任，给他幸福，让他吃好喝好，让他发展好。

在这段过程中，其实就是你的一次升华，对待孩子的过程，就是你的生命升华的过程，也是你逐渐完善自己的过程，孩子不断成长，每一阶段如果你都跟上，你都陪着他，你肯定得不断完善自己，在工作以外，你还会学到很多东西。

家庭教育的知识来源，包括家族传承、自我学习、国家推进。如果这三个方面都具备了，我们的教育就更完善、更准确。家庭教育有一个非常重要的方面，就是需要我们从纷繁复杂的教育知识中，能够识别、选择正确的东西。

六、与孩子共同成长，成为孩子的楷模

第一，要成为忠于爱情的楷模。这个问题之所以放在第一位，是因为现在有些人不忠实于家庭，孩子是看得到的，这会对孩子造成很大伤害。据一项心理普查，几千人的小学中，居然曾经有 15 个孩子有自杀愿望和自杀行为，一了解情况，原因全是家庭关系不好。因此，父亲一定要主动维护爱情，父亲在情感上的态度，决定了孩子将来对自己人生爱情的态度。

第二，权衡工作和家庭。人在二三十岁的时候充满干劲和希望，想着干成各种事业，但到了 60 多岁，更多关注的，是对家人有没有愧疚，有没有给家人一个温馨的环境，有没有给孩子一个圆满的成长。一些家长往往借口有事不去参加家长会，因为重视不够，错过了关注孩子成长的机会。因此，我建议各位家长，学校开家长会的时候，夫妻双方都争取一起去，去感受孩子的变化，关注孩子的成长。不管听到了对孩子的批评还是表扬，回家后千万不要对孩子撒气，永远站在孩子的一边，哪怕他出了错，都永远不要剥夺孩子的安全感。给孩子牢牢树立一个观念：父母任何时候都站在我背后，这很重要。

第三，担当责任的态度。做父亲的要学会担当，学会对家庭的担当、对社会使命的担当。单位有事，国家有事，需要我去付出的时候，我坚决付出，这是更高一级层面。同时，还要有默默付出的心态。男人做任何事情，不计较结果，我做了事情，自有结果。不要唠叨，到处显摆我昨天做了什么好事、今天又做了什么好事，我们中华民族的传统中，做好事从来都是低调的。有些人做了好事愿意高调，在于他觉得高调能发挥教育功能，不仅能教育家人，而且能教育社会。但我觉得，你最好还是选择沉默，为家人、为孩子、为社

会默默地付出，别人的称赞比自诩更有力量，更有教育意义。

第四，爱岗敬业的态度。家庭教育中，以身作则最重要。孩子最终要走到社会，我们怎么对待工作，孩子将来也会学到，我们会偷奸耍滑，他也会。

第五，热爱生活。不是有空了自己去玩乐，把家人丢到一边，而是把时间留给家人，带着家人一块玩。孩子在小学阶段，应该多感受大自然，从自然学知识，建立与自然的亲近关系。在这段过程中，可以给他讲述相关知识，帮助他建立起探究的兴趣。这样的兴趣，可以促进他的学习。

希望今天这些内容，能够启迪、帮助孩子们的父亲，以后能够和母亲一起，齐心协力，为孩子的成长，贡献自己的心血努力。

■家长精彩评论

① 在孩子的成长过程中，如果说，母亲是侧重于"养"，那么父亲则更侧重于"育"。父亲往往是决定孩子人生走向的"指路灯"，对孩子的性格、脾气等影响至深。

② 特别喜欢周老师的倡导：忠于爱情、维护亲情、默默付出、爱岗敬业，勾勒出优秀传统文化下一个中国父亲的美好形象。

③ 以前总觉得，作为父亲只要满足孩子的所有要求，就是一个合格的父亲了，听完讲座后才清楚认识到，孩子成长的路上除了物质上的满足，更重要的是陪伴。

第十二讲

让孩子成为计划表的小主人

■主讲人

柯玲，管理学博士，教育学博士后，成都市政协委员，成都市教育学会副会长。

■金句精华

1. 制订暑假时间表对孩子的成长是有帮助的，尤其对孩子自控力的提升是有帮助的。

2. 孩子所接触的世界，是在互联网的背景下的世界。对于很多的信息来源，我们已经不是权威了，老师也好，家长也好，都不是权威。

3. 在计划制订执行过程中，家长要让孩子感觉我能够、我愿意、我能行，以及我有用。

■演讲内容①

一、制订暑期计划表有没有必要

◇主持人

暑假来临，书声琅琅的校园又恢复了往日的宁静，同学们回到家中尽情享受悠长假期，那么，如何度过一个充实而愉快的暑假呢？制订一份暑期计划表究竟有没有必要，该怎么做？

◇家长观点

家长 A：我孩子从一年级开始就有一份时间表，但是没有那么详细。时间表起导向作用，但是细化到如 7:00 起床、7:30 洗漱，这么事无巨细的话，我觉得会扼杀了孩子自主管控的能力。我们家孩子的时间表比较笼统，从 9:00 开始，大致与大人上班时间一样，我觉得应该符合生物规律，之后 40 分钟为一堂课，跟学校的时间相匹配，这样孩子过了一个暑假后再回到课堂，就不存在时间上的断层。

家长 B：我家小孩的时间安排不是以每天的时间段，而是以事件，比如某一个阶段，你要在 3~5 天完成什么事情、达成什么目标，再根据自己的状况，决定是否去完成。时间表也是必要的。

家长 C：前面两位家长都挺厉害。我觉得应该不需要那么严格的时间管控概念，我自己就不算特别有规划。我听过一句有意思的话——所有的人生规划都是人生鬼话。这句话让我印象深刻，我始终相信计划赶不上变化。还有，我在想自己小时候暑假的时候，就是希望去玩。我希望一个星期内把作业全部做完，之后就可以去跟小伙伴尽情玩耍。

◇专家解读

大多数家长都希望通过时间表，做暑期计划。在暑期的两个月时间里，家长希望孩子能够完成点什么，做成些什么。我想在孩子的身心健康、技能技巧等各方面的提升上，都会有所期待。这种期待的背后隐藏的是，孩子能

---

① 第十二讲至第十五讲为沙龙形式。

够自我去掌控自己的生活，所以我认为，制订暑假时间表对孩子的成长是有帮助的，尤其对孩子自控力的提升是有帮助的。

所谓自控力，其实就是自己能够控制自己的人生，即自我的掌控感，而自我的掌控感要有时间表和计划表。三位家长说了他们各自制订的考量与方法，他们都有各自制订的依据与出发点，我觉得都可以。但是在过程中，可能要关注到：怎么样才能让孩子去提升自控力？

如果我们每天知道要做什么事、不要做什么事，明了为什么要做，做事情之前应该做什么准备，这样不断循环往复，这才是时间表对我们的意义。

我们有一些规划也许以口头形式达成，不一定以课程表这样的方式表现出来，也没有太大的关系。不管是纸质的时间表，还是口头的承诺，暑假规划的问题核心是：规划时间的把控，到底是家长说了算，还是孩子说了算？

二、暑假计划表由家长主导还是孩子主导

◇家长观点

家长 B：我要充分发挥小孩的自主性，基本上以孩子为主，由他来制订，但是我们父母也要参与，比如时间的协调，一部分时间是用来放松、放空，让孩子尽情地玩耍；另一部分时间是用来提高，不管是身体方面还是学习方面，都要有提高。因此需要合理地分配时间，但是双职工家庭，假如孩子要出去旅游，孩子就需要先和我们商量协调好时间，但是，主意是孩子在拿，我们父母只是参与给出意见。

家长 A：在制订计划的过程当中，我会充分尊重孩子的意见。其实作为我个人是希望他早上晨读，就像表格规定的那样，早上读晚上练，但是我女儿不乐意："我上学时天天早上都是晨读，暑假能不能换个方式？"那我答复："没问题，你来定。"和孩子讲道理，其实这是沟通的过程，制订计划时我们尊重她的意见，不能强行要求她："你必须早上读。"孩子不愿意时，硬要求会让孩子痛苦，我尊重她的选择。

家长 C：英国作家毛姆说过的一句话，让我印象很深。他说人类之所以会进步，就是因为下一代永远不听上一代的话。所以如果我们对孩子过多地

指手画脚，我想他不会开心。

◇**专家解读**

从时间表和计划表的制订是否自主这个问题，我们可以看到背后潜藏的是亲子关系。

我们和孩子的亲子关系状态决定了孩子以后人生的一些道路。这一代孩子生活在互联网时代，跟我们成长的时代不一样，我们那时候所有的权威一定是父母或者老师，但是现在孩子所接触的世界是在互联网的背景下的世界。对于很多的信息来源，老师也好，家长也好，都不是权威。所以孩子一定希望，能让他在自主的情况下去发展亲子关系，他才能够有良好的成长状态，他才能活出自己。我们讲的计划表，对孩子18年漫长的成长时期来说，覆盖的仅仅是短短两个月，我们需要把握这两个月背后的成长逻辑。我们要珍惜暑期，它可能就是很好的改变契机，是更好地对孩子助推的时期。因此，这份计划表一定是孩子自主制订的，但需要我们去引导他。

家长该怎么样做，才能够拿出一份合格的暑期计划表，它应该包含哪些内容，是学习重要，还是玩重要，还是培养孩子的兴趣爱好重要？

三、一份合格的暑期计划表应该包含的内容

◇**家长观点**

家长A：孩子觉得什么重要就偏重哪一方面，而不是我觉得什么重要。他觉得暑假自己该要提高什么，要玩什么，要放空，由他自己来决定，我觉得玩也是一种提高，哪怕学习占的比例很小，我也没意见。

家长B：我觉得要分配假期计划的比重，学习应该占主要，毕竟我的孩子马上要升六年级了，学习的比重应该要占40%，其余的时间我觉得可以根据情况调整。

◇**专家解读**

关于暑期计划表里主要突出的内容，我觉得还是应该区别于上学期间。毕竟暑假跟上学时是不太一样的。在学习方面，学校肯定会根据孩子的学龄段有所要求，我觉得孩子还是应该完成学校提出的基本学习要求。

对生活作息上的要求，我觉得应该有两个重点：其一，我们要把暑期的价值体现在他自我生活的价值上。其二，我们要尽可能让孩子找到他的特长和天赋，并深度学习，这种深度学习会带来很好的结果。其实，学任何的爱好，不只是一种技能的培养，最重要的是对生活的感知力，培养这种感知力，我们需要从小让孩子去触碰丰富多彩的世界才能得来。

四、有效执行假期计划

◇主持人

暑期的计划表说起来容易做起来难，即使我们有一个规划，具体怎么样来执行，最后怎么样来达成，还是一个问题。

◇家长观点

家长 B：如果孩子没如期执行计划，没完成暑假作业，那学校开学的时候，自然就会受到老师的批评处罚，孩子就该自己去承担被惩罚的结果。当然，孩子被惩罚了之后，我会帮他总结一下教训，分析一下问题出在哪里、为什么没有安排好时间、教训是什么？下次该如何去改进？

家长 A：我没有"鸡娃"，我孩子是一路放养过来的，什么培训班也没上，什么特长也没学。在计划执行的过程当中，孩子一定会产生各种矛盾，我会告诉他，我允许他犯错，但他要自己去承担后果，我会提醒他，如果你完不成作业，自由散漫地玩耍会有什么严重后果，但我不会教训孩子。

家长 C：我想，如果遇到完不成计划的情况，我孩子会反过来安慰我，他会说放心好了，到时候肯定有很多同学都完不成，大家一起赶就是了。我小时候是成绩比较好的孩子，是乖乖女，自己有相当的掌控力。我会在放假期的前一个星期内，不管多少作业都全部做完，然后高高兴兴地玩耍。我和他爸都属于很自律的人，学习上不用大人操心，没人管，习惯了完全散养。刚开始我很难接受，我的孩子居然会在开学前赶作业，觉得这件事情很荒谬，慢慢地，我接受了现实，毕竟上一代和下一代就是不同，我觉得这不是很大的事情。即使计划完全没有落实，也没有关系，人生不是一个可以格式化的工具。

◇专家解读

计划执行的情况与目标设定是否科学合理有关系。跟孩子沟通的时候，要注意沟通的原则，要让孩子觉得这个事我愿意、我能、我有用。不基于这样的原则去沟通计划，计划就容易形同虚设。这其实要体现的还是孩子的自主感、价值感、胜任感。任何的一个计划，都需要孩子自己觉得能够做、能够胜任。

在计划制订和执行的过程中，家长要让孩子感觉我能够、我愿意、我能行，以及我有用。家长这样的反馈，会影响孩子的思维方式甚至大脑的发育。以结果和评价为导向的孩子，很容易形成固定型或僵固型思维，遇到困难他就退缩回避，于是他会尽可能地待在舒适区里。只有具有成长型思维的人遇到问题，才会不断去探究，不断去自我突破，他的大脑神经连接密度就越来越大。

家庭的文化胜过生硬的计划规则。我们不仅要在制订计划的时候，还要在执行过程中及时去跟孩子去交流，比如过了一个星期，我们就和孩子一起总结反思：这个星期我们执行计划的情况怎么样？

作为父母，我们也有自己的计划，我们可以主动告诉孩子，我自己的计划是什么、执行过程中遇到了什么问题、我的计划如何被打乱了、我准备如何去补上等。

计划不是生硬的规则，只有当规则是尊重大家感受的时候，这个规则才有用。如果孩子觉得执行这项规则他是很舒服的，对他是有帮助的，他一定会去做好。

五、孩子该去暑假托管班吗

◇主持人

家长有工作，没有足够的精力和时间在暑假期间陪伴孩子，现在政府积极参与到了孩子们暑期生活规划中，一些学校也开设了暑期托管班，为父母减去了一些包袱。

对于家长，他们多了一些假期安排的选择，那么三位家长嘉宾会怎么选择，愿意把孩子放心地交到这些课堂当中吗？

◇**家长观点**

家长 A：我肯定会的，如果说学校有这样的安排，我很愿意去报名，我相信，这种托管课程的质量是家长很难达到的，而且说实话，孩子托管后能够让我去安心工作，让孩子能够安心学习，我觉得是很好的事情。

家长 B：我感觉这样的安排是减负，第一是在时间上减负，第二是在经济上减负，孩子按平时上学的时间，自己去自己回来，很省事放心。

家长 C：对于这种社区、街道办和学校办的托管，我们非常积极地想参加，对我们这种双职工家庭真的是必备。当然，我们还是会有所选择，我不赞成父母把暑期托管当成丢包袱，我会征求女儿的意见："你愿不愿去，愿意上什么课，上多久？"对于有些公益活动，我如果有时间，一定去参加，当成亲子沟通最好的时刻。我觉得关于计划怎么掌控、怎么安排、怎么沟通，都是为了我和孩子建立良好的亲子关系。

◇**专家解读**

我觉得大家在做选择的时候，需要做一些科学的研判。研判的基础是思考孩子要如何适应未来的社会、未来的生活。这些托管活动虽然有利于我们孩子，但要根据孩子的具体情况去选择。

我倡导假期一定要把孩子带到自然空间去，人作为一个生物体，大自然对人有一个疗愈的作用，可以放松他的身心。大家都在提倡高质量的亲子陪伴，高质量的亲子陪伴就是要让孩子能够去他所喜欢的场所，孩子天然喜欢自然环境，自然环境能够让孩子放松身心、有益健康。在自然空间和社会空间里，可以让孩子接触丰富多彩的世界，锻炼孩子的思维能力。

更重要的是，家长需要提升教育观察的能力。计划执行的背后，隐藏着孩子的情绪、孩子的感受。与孩子进行良好的沟通和交流，才是良好亲子关系的基础，我觉得，父母的成长才是对我们孩子最珍贵的爱。

对于家长，和孩子进行亲密接触的过程也是我们不断学习以及自我成长的过程，我们希望在暑假的两个月里高质量地陪伴孩子，同时，自己也能获得成长，然后把更多的内容输出给孩子，真正展现新时代父母的榜样力量。

◇主持人

对于孩子们暑假到底应该做怎样的时间规划，相信大家已经有了充分的了解。希望大家暑假能够过得充实、有价值，也能够更轻松愉悦。

■ **家长精彩评论**

① 通过学习，我们知道了一份好的计划表不仅能提升孩子的自我管控能力，还能体现亲子关系的融洽程度，更能体现孩子的价值感和自主感。根据孩子具体情况制订暑假计划表时，以孩子为主，家长适当引导。

② 暑假时间那么长，是最容易构建和谐亲子关系的大好时机，让孩子在家庭的氛围里，巩固知识、成长学习，并努力承担更多的家庭责任。

③ 暑假，是拉开孩子之间差距的最佳时期。利用得好，孩子可能会弯道超车；利用得不好，孩子可能会停滞落后。

第十三讲
寻找隔代教育的正确打开方式

■主讲人

纪大海，中国教育学会学术委员会委员，四川创新教育研究院院长。

■金句精华

1. 在教育孩子的时候，一定要有边界感。所谓边界感，就是要知道什么事可以问，什么事可以不问，什么事必须要严格要求，什么事可以容忍宽容。

2. 家庭一定要建立主教育人制度，就是家庭里面，一定要由一个人来说了算。

3. 知识性、学术性的教育最好还是让学校来承担，而家庭主要关注孩子德行的养成和习惯培养。

一、隔代教育的六种类型及问题

◇主持人

我们专门邀请了专家纪大海和三位家长嘉宾，共同来探讨家庭的隔代教育到底应该怎么样来做，怎样才能够把握好度。今天的家庭教育中，过于娇惯孩子的行为屡见不鲜。在娇惯过程中有一个把握度是深还是浅的问题，其对孩子的影响又有多大？

纪老师对隔代教育进行了分类，总结出六种类型。现在请纪老师给我们介绍一下这六种类型，以及带来的相应问题。

◇专家解读

隔代教育的第一种类型是看护型，照顾好孩子的衣食住行，不出安全事故就可以了。带来的问题就是，一些不良的习惯自然而然地养成，没有人去监护，没有人去监管，没有人去矫正。第二种类型是娇惯型，孩子要什么给什么，过于呵护孩子，事事代办。我们又称它为犯罪型，它带来的主要问题是任性、骄横，以自我为中心、自以为是。第三种类型是强迫型，长辈对他的教育就是干也得干，不干也得干，学也得学，不学也得学，采用高强压的方式。这样带来的问题就是，这种孩子压抑沉闷、性格懦弱，甚至有产生抑郁症的前兆。第四种类型是辅助型，以所谓非家庭的亲情成员为主，比如由保姆或其他聘请人员实施教育，这种辅助性教育带来的问题，就是整个家庭缺少教育性，特别缺少亲情。第五种类型是民主对话型，这种类型带来的好处，就是孩子的人格健康阳光、心态很好。第六种类型是自强型，父辈几乎帮不上忙，大多出现在边远山村或贫寒家庭，其带来的好处就是这种类型的孩子有坚强的意志和自强不息的精神。

这六种类型现在越来越呈现出混合的情况，那么，我们该怎么样来掌握隔代教育的度？其一，孩子有问题，一定要给他画一个"圈"，要给他理性的生活原则，要让他有规则意识。其二，要对孩子抱有希望，鼓励他成龙成凤，但是要注意，强压是不行的，一定要给他自由时空。西方有哲学家说：修行出智慧。牛顿就是在病假休息的时候看到苹果落地，因此产生了万有引力理论。

二、隔代教育的矛盾冲突原因与应对

◇主持人

在我们家庭教育过程中，隔代教育有可能会产生怎样的分歧？我这有一份数据，据调查发现，绝大多数城市家庭的教养模式是祖辈和父辈一起来照顾幼儿，其占比达到了 90.8%，其中祖辈与孩子爸妈轮流照顾的占比是 75.5%，有 5% 的家庭是完全由祖辈来教养的；在我国，每 10 户家庭当中就有 4 户因为育儿观念的不同，引发两代人之间出现矛盾。我想请家长们分享一下，你们的家庭有没有遇到过这样的隔代教育矛盾冲突？

◇家长观点

家长 A：肯定遇到过，我妈妈之前是一位小学老师，她特别喜欢给我女儿做一些超前的教育，但我女儿对此根本提不起任何兴趣，尤其是汉字、古诗。对于超前教育的做法，我和老公并不是很认可。

家长 B：孩子在入学前，是姥姥帮我们带，平常生活方面姥姥照顾孩子比较多，比如吃饭的事，孩子马上要上幼儿园了，我们希望要定时、定点吃饭，但是姥姥觉得，孩子什么时候饿了就什么时候做来吃，为此，我还跟姥姥出现了一些言语小摩擦。

◇主持人

吃饭的小事都有可能在隔代教育当中产生小摩擦，更不要说更大的一些问题了，甚至可能出现针锋相对的情况。如果出现这种情况，会对咱们的孩子产生怎样的一种影响呢？

我们发现，家庭中的隔代教育难免会出现各种矛盾，你怎么样看待这种教育的冲突？

◇专家解读

我建议家长们，特别是爷辈们，在教育孩子的时候一定要有边界感。所谓边界感，就是要知道什么事可以问，什么事可以不问，什么事必须要严格要求，什么事可以容忍宽容。

以下三种冲突关系着家庭教育：第一，代际冲突又称两代人冲突，也就是爷辈和父辈的冲突。刚才讲到了爷爷奶奶或者外公外婆总是或多或少会跟爸爸妈妈的教育发生冲突，哪怕是最健全的家庭，这种冲突都在所难免。第二，隔代冲突，一方面是爷辈对孙辈，要么是宠溺，要么是娇惯，要么就是强迫式，另一方面是现在孙辈对爷辈的反噬，爷辈经常被自己的孙辈翻白眼甚至破口大骂。第三，同代冲突，主要是爷爷奶奶之间的冲突，或者是爸爸妈妈之间的冲突。三种影响不停地引发各种冲突。第一种影响称为权益影响。第二种称为口碑影响，如孩子读什么学校、找什么老师，基本上是受社会流行的倾向性评价影响。第三种称为比较影响，把自家孩子和别人家的孩子拿来攀比。

◇**家长观点**

家长 A：面对家庭冲突，我会给父母介绍一些家庭教育新理念、新育儿知识。虽然三代人聚在一起，但共同目标是一致的，都是希望孩子好，希望孩子长大成才，我对他们抱有感恩的心，感恩老人的付出，具体问题上不要太过于吹毛求疵。

家长 C：我的理解是，先站在爷爷奶奶的角度来看，他们确实比我们要年长几十岁，有他们独有的人生经历，丰富的人生阅历对缺乏育儿经验的父母来说未尝不是一件好事。但是，我们上有老下有小，是承上启下的桥梁，面对老年人的时候，我们在生活习惯上有很多不同。我们得尊重老人，多交流多沟通，不要老给老人的行为贴标签。

家长 B：类似的家庭冲突我也遇到过，工作比较忙的时候，我把爸妈接过来住。我爸爸比较溺爱孩子，让孩子看电视的时间较长，我妈妈和我爸爸就发生了一些争执，让我觉得心里很过意不去。老人家从老家过来辛辛苦苦地帮我带孩子，却因为孩子教育，让老人跟着上火生气了。

◇**专家解读**

家庭一定要建立主教育人制度，即家庭里一定要由一个人来说了算，声音太多了，整合不了，会把孩子说得糊涂。此外，家里一定要有分工，即"红脸""白脸"的分工，如果有一个人老是给孩子说好话，孩子可能以后就很任性，在这种情况下，孩子的未来会怎么样？

家长应从小关注两点：一是生活习惯，二是学习习惯，这两点如果你们做好了，你们就成功了。到了初中，有些知识家长自己都不懂了，高中大学你更不懂，更管不了了，但只要你把这两项习惯养成了，就没有必要操心怎么管了。

三、隔代教育中，学习会产生的矛盾和问题

◇主持人

刚才我们的探讨主要集中在生活方面，如果我们在隔代教育当中掺杂了学习教育方面的内容，会产生什么样的矛盾和问题呢？

我想问问家长，你们觉得自己的父辈要不要参与到孩子的教育当中来？

◇家长观点

家长 A：我自己的妈妈就是老师，她参与孩子的教育自然有优势，确实比我自己教育孩子好些。我女儿上了小学后，如果我妈妈重操她的老本行，帮我去辅导孩子的作业，当然是最好不过的了，我会省事很多，特别感恩。

家长 B：哪个家庭成员在某方面有特长、有专长，那么自然应该主要辅导孩子这一方面，比如，妈妈普通话比较标准，可以辅导孩子的语文；爸爸的体育比较好，可以多带孩子出去运动。奶奶擅长音乐鉴赏，喜欢听京剧或者是喜欢跳广场舞，可以辅导孩子文艺。总之一句话，根据每个人的特长和特点来，有的放矢，我们共同的目的是一致的，就是让孩子得到最适合、最全面的教育。

◇专家解读

关于家庭教育和学校教育的边界，我觉得，最好还是让学校来承担知识性、学术性的教育。而家庭主要关注孩子德行的养成和习惯的培养，这是非常重要的。当然，有条件的家庭能够辅助老师进行部分的知识性教育，也是可以的。

◇主持人

其实，我们的爷爷、奶奶、外公、外婆做好自己，行得端走得正，我相

信对孩子来说这就是最好的一种教育。现在社会已经非常多元了，能够带给我们不同的教育方式和体验，接下来，我们了解一下武侯区吉福社区开展的"共享奶奶"项目的情况。

武侯区吉福社区创新作为，搭建起了一条社会情感补充带，利用社区长者团队"共享奶奶"队伍，为双职工家庭提供照看小孩、辅导作业和餐食保障等服务，形成了社区自主的老少志愿者互助模式。"共享奶奶"朱泽云将分享她的故事与体会。

"共享奶奶"朱泽云：有幸成为吉福社区"共享奶奶"的其中一员，我感到非常的高兴和幸福。我们看到小区里有的孩子放了学后，因为父母都在上班，在家没人管、没人陪伴，甚至出现了孩子在会所趴到地上写作业的辛酸场景，于是，我们就在想，自己能够为大家做点什么事情。正好社区给我们搭建了这个平台，所以我们一拍即合。和这些孩子们在一起后，我们发挥了自己的余热，觉得自己还是有用的。孩子们跟我们在一起，他们也很高兴。现在我们连麻将都不去打了，忙着在家里学习如何上网，如何查询资料，好用来教孩子们。

◇**专家解读**

形成"共享奶奶"的模式，我觉得是双赢的结果，希望未来还会出现"共享爷爷"，可以教下象棋等这样一些有益孩子的活动。这种模式就是引领了一种社会风尚，为社会塑造一种公共精神。这种公共精神正是我们当今社会最需要的，而且这种党员的力量、模范的力量，可以引领孩子们健康成长。大人的示范影响，对孩子们的人格成长是非常有效的。

◇**主持人**

通过我们三位家长嘉宾以及在场"共享奶奶"的表态，让我们感受到了隔代教育的利和弊，应该说，隔代教育没有绝对的不好和绝对的好。我们需要辩证地看待隔代教育中的问题。我相信，对于隔代教育，我们能够看到自己的短板，并去补齐它；能发现我们的长处，去发扬它。这样，家庭才会更加和谐，才会更加理性、更加科学地帮助孩子成长。

希望我们的每一个家庭都能够和谐幸福！

■家长精彩评论

① 隔代教育只要做得好，也能充满正能量，产生好效果。即便如此，隔代亲情永远无法替代父母之爱。

② 这次学习使我反思了很多。其实，孩子有很多毛病，是我们做父母的给惯坏的，是我们自己没教育好。父辈们在很多方面都做得很好，我们不能全盘否定爷爷、奶奶带孩子，不能否定了隔代教育。

③ 隔代教育有利也有弊，关键要有度。我们要感恩老人的付出，平时也要多沟通交流，以免造成不必要的隔阂。教育还是要遵循以父母为主、老人为辅的模式。

第十四讲

培养天赋，让孩子更具竞争力

■主讲人

陈筱芝，作家，青少年生涯规划项目指导专家。代表作是《谁说未来不可见——家庭教育规划手册》。

■金句精华

1. 把选择权给孩子，但有一个前提，就是孩子知道自己要选什么。孩子见过了很多东西，有了了解和比较，才会选择。

2. 我们应该尽早去发现孩子的天赋优势，尽早去做准备，教育早规划，孩子早受益。

3. 天赋优势并不能成为支撑孩子未来的决定性要素。孩子有一个优势模型，在优势模型中，包含了很多要素。

一、天赋的定义

◇主持人

今天我们一起来探讨：我们每一个孩子身上的天赋到底是什么，我们该怎么样去发掘它？在未来培养的道路上，家长到底应该怎么样做，才能够让孩子的天赋无限延展。

每一个孩子的身上都或多或少地有天赋，但是，我们怎么样来定义天赋，具体指什么，每个人心中都有不同的定义。每一个孩子身上的独特点，确实都是不一样的，我想先听听三位家长的感想。在你们心目中，一个孩子如果有天赋，到底是什么？

◇家长观点

家长 A：我觉得孩子的天赋应该是要超越基础水平和基本能力的表现，我家孩子的天赋应该在画画、跳舞、唱歌这些艺术类的方面，但学科类的天赋，可能还得随着他的成长才会有一些表现。

家长 B：我觉得天赋就是四两拨千斤的能力。在同样的教育环境和水平当中，有天赋的人在同样的学习周期里，他就是会表现得更好。而作为家长，我有些时候会走入一个误区，比如通过一场培训以后，我会觉得孩子有这方面的天赋，我也知道，自己往往是站在个人的认知领域去看待孩子的所谓天赋的。

家长 C：孩子的天赋，其实就是在培养过程中，要建立一个基本理念——适合孩子的培养才是好的，因为人各有所长，各有所短，用人所长，天下皆可用之人，我习惯把职场管理的做法引入家庭中。考察天赋，是看孩子对某一件事情的兴趣程度、执着度、敏感度。

◇专家解读

天赋是什么？是孩子出生时与生俱来，相对他人比较突出的那个点。如果放到社会上，他可能比别人更优秀一点，在这个世界上的每一个人都有八种智力，这八种智力不同的组合，让我们知道，孩子是多姿多彩的，是完全不一样的，是多元化的。其中四种常被提及：第一是语言智力，语言智力好的孩子，文科好、表达好；第二个是逻辑智力，逻辑智力好的孩子通常理科特别好；第三是运动智力，一些孩子有成为运动员的潜力；第四是音乐智力，有些孩子听一遍歌就会唱。这八种智力就跟孩子的天赋有关系，不同智力的孩子在未来的发展方向、喜好程度、获得的特长方面都会不一样。

二、挖掘和找到孩子的天赋

◇主持人

孩子的智力分为八种，怎么样去挖掘和找到孩子的天赋，就成为摆在家长面前重要的一门功课。

三位家长平时有没有在学习、生活过程当中去找到孩子的这些天赋？

◇家长观点

家长A：我们比较盲目，看到人家的孩子去干什么，自己孩子也要去干什么，往往干了一圈后，发现又费精力又费时间。出现这种情况可能就是没有找准孩子特有的天赋在哪里，但是很多家长没有理性分析的能力，只能盲目尝试。我觉得我家孩子在语言方面是有自己独特天赋的，一年级的时候，学校教拼音，他半个小时就全部掌握。这一点我一直记在心里，小学时他就开始报学校的小语种兴趣班，我们非常支持，后来他还学了第二外语日语，也学得挺好，我们发现了他有这个天赋。

家长C：孩子跟小伙伴在一起玩的时候，我就观察他对哪些事情有兴趣，我们让她去试水，让她自己决策，我女儿在幼儿园中班的时候，她就可以为自己的事情做决策。

家长B：前面两位家长都看到了孩子身上的优点，我总觉得，孩子身上的不足，甚至是他身上那些家长本来认为不可忍受的问题点，很有可能恰恰是他的天赋，我孩子曾经为做出彩色的非牛顿流体，把房间弄得一片狼藉。下雨前他看蚂蚁搬家，一动不动地看了三个小时，我坐在小凳子上陪他看的时候，就在想，这些东西说不定就是他的天赋。

◇专家解读

我们觉得家长用心发掘是应该的，但需要考虑，父母用心是顺应自己的心还是顺应孩子的心？自己的观察是否准确？教育孩子是一件大事，我希望孩子有的天赋还是孩子的天赋，刚才说的八种智力，看看他是真智力还是伪智力，每一种不同智力的孩子，他是有明显的体现的。比如说人际智力强的孩子就是"人来疯"，见了人特别高兴，他喜欢舞台，你拉下去他都不愿下去，就想在这个舞台上说话；但人际智力弱的孩子，他就想安安静静地待着，如果人际智力相对弱一点，再加上逻辑智力水平高一点，这样一个安静、喜欢思考的孩子，他会是一个什么样的孩子——学霸啊！

在准确判断天赋的基础上，帮助孩子建立一定的知识体系，鼓励他去探索，从探索当中，去印证他是不是真的有这方面的天赋优势。探索阶段，其实是非常考验我们的耐心、智慧以及我们自己的学识能力。

◇主持人

现在，政策指引更加明确了，就是让每一个孩子都学有所长，让他们的天赋无限延展。

◇家长观点

家长 A：我孩子现在就面临这个问题，马上面临第一届新高考，现在我非常纠结，因为发挥天赋和我想要的或者孩子未来所需要的是矛盾的。照顾兴趣爱好，偏向发掘他的天赋，会占用其他时间，是有影响的，我就倾向于不让他做他想做的事。

◇专家解读

这里就涉及一个很核心的问题：兴趣爱好、天赋特长怎么样跟学业以及未来的职业规划画等号，还是说仅仅把它作为爱好。我在职场见过很多人错把擅长当成兴趣爱好。

今年是四川第一届新高考，我们面临着时间的使用选择，有限的时间之内如何合理分配，可不可以把天赋优势发展为专业，以后成为职业，这是需要平衡和评估的。

孩子在高中之前一定要定向。家长定不了向，把孩子热爱的东西从人生清单上划去，对孩子来说不是一件高兴的事。孩子的天赋特质已经显露出来了，就不应该轻易放弃。比如孩子拍照特别好看，拍照是构图和美学上的能力，现代社会美学是一个运用广阔的领域，对应着很多的专业，但我们可能不知道哪些专业对应摄影爱好，如果你选择了放弃，很可能就放弃了未来就业前景非常好的领域。

到高中，我们可能面临选科怎么选的问题。高中有12种学科组合，14个大类，对应着700多个专业。我们要从中匹配孩子自身情况，对每一个家长都是挑战。那么，第一，家长要确定一个大的职业方向，家长应该比孩子更清楚；第二，很多人在毕业后都改了方向，没有从事与自己所学专业相关的工作，所以专业选择很多，除非在科研领域、在一些专业领域需要扎得更深，许多工作都可以用兴趣衍生过去，但是专门学又是另外一回事情。想在这个专业领域可以扎得更深，天赋优势可以让其在专业领域做得精进，做得更好，快人一步。因为热爱，他会不断研究、不断学习、不断精进，他会超越一般人，成为更好的人。我认为我们要先了解孩子的天赋优势，以便于在高中选择学科，以后选择专业、选择职业的时候再将选择权交给他。现在的教育理念经常提及，把选择权给孩子，但这有一个前提，就是孩子知道自己要选什么。孩子见过了很多东西，有了了解和比较，才会选择，否则只能在他有限的认知里面，做出有限的选择。有限的认知往往会带来未来的后悔。

◇家长观点

我自己的孩子现在还在小学，所以相对来讲，我可能比沈老师要淡定一些，但是有一点我是肯定的，坚持天赋一定是能给孩子自信的，而特长和天赋如果融合得好的话，我觉得应该能把孩子短板的地方补起来。

三、正确对待孩子的天赋

◇专家解读

孩子个体的天赋是有差距的，家长该如何正确对待自己孩子的天赋呢？天赋若是家长评测出来的孩子的长板，把这个长板放到社会层面，它还是不是长板，需要家长客观预估。有些展现出来的天赋可能是伪天赋。什么是伪天赋？比如，孩子喜欢一门学科，他不一定是天赋异禀，可能仅仅是因为喜欢这门学科的老师，或者老师的鼓励表扬激发了他的成就感。实际上，天赋可能是并不擅长的学科。

真正的天赋发掘有一段科学的过程，我们鼓励小学家长一定要带孩子多探索，探索时间越长、范围越广，越能够确定孩子的天赋所在，确定其在群体中的突出程度。到了初中阶段，要做聚焦，让孩子在特长方面做一些深度探索。以前孩子喜欢唱歌跳舞，只是作为爱好学点皮毛，但到这个时期，孩子可以去深度接触一下舞蹈领域，了解更多内容，学一点精准的东西，参加一些比赛等。有了前面的基础，到了高中，孩子才能谈上定向，定向最好定在一两种，到了高二后，通常只能定一种。实际上，超过70%的高中生是不知道自己要选择什么、要做什么的，这就带来两个问题：选专业有问题，选学科组合有问题。

今年我遇到一个孩子，突然希望学医，但在学科组合里，学医必须学化学，他之前却没有选化学，只能后悔。此时的孩子必须学会取舍，学会选择人生，毕竟没有圆满的世界。

人生就是不断取舍，不断舍弃，又不断获得新东西。通过做减法，孩子才有可能在一个领域中精进。如果我们说1万小时定律有问题，但精进会让这1万小时变得具有方向性，如果我们开始得早，从小学开始精进，那么这1万小时就不难，一天1个小时就够了。从高中开始，时间分配就会变得困难，因为孩子不能一天花4个小时去精进。因此，我们应该尽早去发现孩子的天赋优势，尽早去做准备，教育早规划，孩子早受益，提前做好人生职业规划。

四、武侯特色课程助力孩子天赋发展

◇主持人

发掘孩子的天赋，有个关键词就是探索，就是要给孩子不同的尝试，将不同的兴趣爱好摆在他的面前。武侯教育推出了各种特色课程，助力孩子在天赋方面不断发展。

◇家长观点

家长C：每一个孩子都是世上独一无二的存在，孩子如果发现了自己的

优势，他会形成自己自信心的延续，会有胜任感的自信。同时，这也有利于孩子的情绪把控，我孩子喜欢拉丁舞，学习压力大的时候，去跳跳舞，去参加集训，对她来说是一种情绪调整。

家长 B：对于孩子的天赋，我的理解是家长应该客观、理智地看待，不必太功利，没必要沉溺于孩子特长带来的好处、获得的掌声，这样很有可能导致孩子自满止步。孩子的特长在班上表现得很强，在某个比赛得到了不错的名次，未必一定代表他有天赋。孩子的成绩面前，家长有必要保持清醒，在鼓励探索天赋的同时，我倒觉得孩子的短板也不该忽视，不把短板提起来，会限制天赋的发挥。

五、辩证看待孩子天赋

◇主持人

现在孩子的选择非常多，家长也有能力给他们提供更多选择，但是，天赋就是他人生的全部吗？

◇专家解读

天赋优势并不能成为支撑孩子未来的决定性要素。孩子有一个优势模型，在这个优势模型中，包含了很多要素：第一是智力天赋，第二是性格，第三是团队角色。天赋优势只是其中之一。

许多家长困惑：我家孩子喜欢，但是未来的社会就业很难，还要不要选？如何把天赋优势和未来的就业趋势链接起来，让孩子不仅仅能学到喜欢的，还能有助于未来很好发展，这考验家长的认知资源。我们可以把项目管理的思维，用在孩子的学习和成长上。两者原理是一样的、相通的，家庭教育是个庞大的工程，我们需要先了解孩子的天赋优势，再谈下一步，至少要有英才的基础，再来谈如何育和教。

◇主持人

我们谈了天赋的话题，在这背后，我们还看到了国家新高考政策调整的大背景，未来人才的培养已经有了新变化，需要家长引起重视，过去功利化的简单路径——考上好学校，找一份好工作，已经行不通了。

在变化面前，一些家长难免内心稍微有点焦虑，但是在焦虑之外，还有更加充盈的生活在等待我们，希望我们各位家长能够放下担心，冷静平和地看待自己孩子的成长，满怀信心，一起静待花开。

■家长精彩评论

① 想要发现孩子的天赋，除了日常观察，带着孩子体验、尝试也很重要！在培养孩子兴趣特长的路上，永远不要让孩子失去快乐前行的动力。

② 了解孩子的天赋能力，才能更好地引导孩子成长，才不会盲目地用孩子的短处去和别人的长处比较，才能让孩子能拥有更多的肯定与信心。

③ 天赋需要发现的慧眼，否则会被无端扼杀；天赋需要精准的培养，否则最终平平；天赋需要恒久的打磨，否则难成大器。

第十五讲

科学准备，
把好孩子入学第一关

■ **主讲人**

刘胜林，四川师范大学教授，四川省关心下一代工作委员会宣讲团专家。

■ **金句精华**

1. 好妈妈胜过好老师，好爸爸就是一所好学校。

2. 幼小衔接最重要的，不是知识、技能上的衔接，而是更全面的衔接。

3. 衔接教育，不仅是孩子在衔接，家长也需要做衔接准备。

■**演讲内容**

一、即将进入幼儿园的孩子及家长的反应与表现

◇**主持人**

马上就要开学了，许多孩子即将第一次离开爸爸妈妈的怀抱，进入幼儿园的集体生活当中。未知的校园、陌生的环境，对于孩子的心理，是一个极大的考验，家长该如何引导孩子做好入学准备？如何帮助孩子适应小学学习生活？

◇**专家解读**

我觉得家长有各种各样的情绪反应是正常的。对于家长，我们应信任幼儿园，我们的很多担心焦虑其实是不必要的。对孩子的吃饭、睡觉、适应陌生环境，现在幼儿园做了各种各样的准备，不仅有很多好玩的玩具，饮食上也做了大量的安排，组织了很多有趣的游戏活动。家长需要学着信任幼儿园，放心地把孩子放在幼儿园，要与老师有所交流。将孩子送到幼儿园后正常地离开，就可以了，相信幼儿园的老师有办法应对孩子的各种状况。

孩子在成长过程中有很多过渡，从家到幼儿园，从幼儿园到小学，从小学到初中、高中再到进入社会，这是一个必然的过程，现在只是第一步。孩子适应新环境的能力，各不一样，有的孩子适应幼儿园的时间很短，有的孩子需要花较长的时间去适应，这与家长的教养方式有关。

二、如何科学认识和理解幼小衔接

◇**主持人**

进入校园生活，是孩子人生当中几个重大转折的第一步。家长该如何科学地认识和理解孩子的幼小衔接呢？

◇**专家解读**

幼小衔接是困惑很多家长的一个问题，我们需要科学地认识和理解幼小衔接的本质：它是帮助儿童从幼儿园进入小学的过渡教育，广义的入学准备、

教育衔接，是整个幼儿园时期都在为小学做准备，六岁入学之前，所有阶段都在做准备；那么狭义的准备，是在大班的时候，我们每个幼儿园大班的孩子都会参加一些学校组织的活动，比如，去参观小学，了解小学生活是怎么过的，给孩子树立一些规则意识、任务意识，强化生活自理能力，让他们的独立性有所增强。

孩子在成长过程中，迟早会面临很多问题，有的问题超过了家长的预期。在这种情况下，解决问题的能力，对孩子才是重要的，也是给他的一生做准备。

家长需要放下不必要的忧虑，不用天天担心孩子在幼儿园会遇到什么麻烦，上小学会遇到什么麻烦。多陪伴孩子成长，认真了解孩子有什么样的特点，即使发现孩子成长过程中的问题，也要恰当地给予引导和帮助。

三、家长该为孩子的幼小衔接做哪些准备

◇**主持人**

接下来，我们谈谈现在家长在幼小衔接方面，为孩子们究竟做了哪些准备。

◇**专家解读**

我了解到，为了孩子能上一所好的学校，一些家长们做了很多准备。但我感觉，这些家长做的准备，都是外在的、表面的准备。在孩子入学准备过程中，家长往往忽略了孩子本身如何看待上学，他觉得该上什么样的学校。有些问题是需要他来考虑的，教育是长远的，不能局限于当前，现在很多家长的焦虑，仅仅局限于入学，局限于不要输在起跑线上。其实，真正对孩子成长有利的东西，是更宽厚、更厚重的一些东西。现在国家提倡公立幼儿园教育，大部分教育责任是学校和国家来承担，国家现在坚决反对幼儿教育小学化，反对把小学生学习的内容放到幼儿园阶段，反对提前学习。有的家长很着急，觉得报个衔接班就提前学习了，孩子就会学得比较好，他就会有信心，但是他没有想到事情还有另外一面。

孩子提前学习，往往并没有学懂，但却让孩子陷入误区：我已经学过了，

我不需要再认真学习了。在实践中，我们也真的发现，许多孩子上过了这种衔接班后，他觉得不需要再认真去听老师的课了，反倒弄巧成拙。幼小衔接最重要的，不是知识、技能上的衔接，而是更全面的衔接。

看孩子有没有做好入学准备，其实是看他现在对学习品质的培养。在幼儿时期，孩子玩耍是在学习，生活也是在学习，无处不在学习。孩子玩玩具很认真、专注，就是在动脑筋思考、摸索各种玩法，在这个过程中，其实他已经在锻炼克服困难，认真专注，积极解决问题，这就是他最重要的学习准备，这才是真正能帮到将来学习的重要准备。

一些家长对现在提倡的快乐教育的理解往往不准确。快乐教育并不是让孩子轻轻松松什么都不学习，一个年龄段的孩子该学什么，应该根据他的发展情况来决定，孩子每个阶段都有其应有的发展任务。真正的快乐还是要在孩子成长中，在不断解决其成长问题的过程中获得。孩子的生活中有很多问题，学习中有很多问题，到处都是问题，在解决问题的过程中，孩子也会因此得到成长，家长看到孩子一步步地成长，也会感到快乐。

四、家长自己该做的心理准备

◇主持人

刘老师还带来了一道测试题，请问主要想在测试互动中达到什么目的？

◇专家解读

我发现，很多家长思考如何做入学准备时，想的入学准备都是要为孩子做什么，很少想到：家长自己要做什么的心理准备。衔接教育，不仅孩子需要做衔接准备，家长也需要做衔接准备，即对于入学准备教育，不仅是孩子要做，家长也要做。那么，最要紧的准备是要做什么呢？

孩子在幼儿园不做作业，不考试，没有分数；进了小学，孩子就要考试，会得到分数。那么，判断家长有没有做好入学准备，就是家长对孩子考分的态度。

你的孩子上学以后，希望孩子成绩全 A 的家长，请举手。你的孩子各科考分全都是 B 的，你能接受的家长，请举手。觉得能接受孩子在班上每一门科目都排最后的，请举手。从现场家长的举手情况，可以看出：绝大多数家长，希望接受全 A；多数家长也能接受 B，但是很少有家长能接受孩子排名在最后。

这说明，许多家长其实并没有为孩子上学做好准备。因为，其实每个孩子都有可能是班上的倒数，都有可能是班上的最后一名。如果这个孩子在班上的成绩排名最后，然而他并没有"破罐子破摔"，还在继续努力学习，从一年级坚持到二年级，再坚持到三年级、四年级，甚至到最后的六年级，他都还一直在很认真学习，那么，这个孩子就有非常好的学习状态、学习习惯、学习品质，考分体现的成绩，其实并不是那么重要，孩子奋斗的过程、努力的过程，能让孩子建立积极自我、树立信心。

幼小衔接是我们孩子从幼儿园进入小学非常重要的关键一步，幼小衔接的工作是一个系统的工程，涉及家庭、幼儿园、小学，甚至社会方方面面的努力，但最重要的是，去启动孩子对入学的渴望，让孩子愿意拥抱新的学习生活。

◇主持人

孩子入学是人生新阶段的开始。家长是孩子关键的引领者和帮助者，应尽力为孩子铺垫好未来的人生之路。

我们希望通过分享，让家长们和孩子们做好入学准备，更好地适应学校的学习生活。

■家长精彩评论

① 教育是长远的，不能局限于眼前。幼小衔接是过渡，不是知识、技能上的衔接，而是更全面的衔接。

② 孩子的入学准备应该是全面的，我们作为家长不能只关注知识准备，更要看到孩子学习出现困难背后的原因。

③　　学龄前这个阶段对孩子而言是非常重要的一个时期，孩子专注地搭积木、玩玩具，在玩耍中去充分自主、体验，也能成为一种重要的学习准备。

让孩子做好小学入学准备

■主讲人

边玉芳，北京师范大学儿童家庭教育研究中心主任，北京师范大学心理健康与教育研究所所长，教育部中小学心理健康教育专家指导委员会委员。

■金句精华

1. 就孩子发育与成长的规律而言，有些知识不需要过早学，那样会影响其他能力的发展。

2. "零起点教学"并不意味"零准备"。

3. 幼儿期发展得是否良好影响将来是否幸福。

孩子在幼儿阶段为什么不能单纯或过早地学习知识？家长和教师应该如何让幼儿园孩子做好入学准备？3~6岁孩子应该学习什么？

一、不能过早学知识的原因

有些知识过早地学了会影响其他能力的发展。在"不要让孩子输在起跑线上"等观念的影响下，一些家长在孩子的幼儿时期甚至在孩子出生不久时就让孩子接受知识的学习，进行智力开发，让孩子早早识字，早早会做算术题，认识英语单词。就孩子发育与成长的规律而言，有些知识不需要过早学，那样会影响其他能力的发展。

孩子三四岁就开始学算数，从而能很快说出计算题答案，但这不是孩子真正掌握了数学知识。一般来说，3岁前的幼儿对数已有笼统的感知，他们能区分明显的多和少；3~5岁的孩子在点数实物后能说出总数，并能按成人说出的数取相应数量的物体；5岁以后的幼儿才能认识到数不因实物的变化而改变，从而形成数的"守恒"。

心理学实验证明，只有到5岁之后，孩子才能脱离实物的支持，进行小数目的加减运算，并学会100以内的数数。一旦孩子发展到了这个阶段，孩子对数的理解与运算就会变得简单，并且能达到真正意义上的理解。

有些家长让孩子过早识字，或者在幼儿阶段不是让孩子自然而然地识字，而是通过集中学习死记硬背的方式让孩子一下子都把字记住了、认识了。通过这种方式的学习，孩子虽然表面上认识了许多字，但对孩子之后的发展是不利的，会让孩子的认知过早符号化，会影响孩子想象力的发展，也会影响孩子的学习兴趣。

孩子出生前，大脑中神经元的数量远多于大脑实际需要的数量。出生后，随着孩子的成长，孩子接受到的外部刺激越来越多，其神经元的联结以令人难以置信的速度增长，这时孩子拥有的神经元和神经联结数量远多于成人。在孩子生命的早期，大脑就像是一个大胆的"剪裁师"，只有被经常刺激的神经元和突触才能存活下来，而不经常被刺激的神经元细胞所连接的突触就会被修剪掉。如果孩子过早或单纯地学习知识，孩子的可塑性就会大大降低，这也就是托马斯·苏德霍夫所说的"不要把孩子训练成机器"，他认为"年轻的孩子有很多发展方向，不要让孩子做一件事情而定性"。

随着大脑的发展，左、右两半球的功能开始出现分化，分别控制不同的功能，并以不同的方式处理信息，所控制的身体区域也不同。大脑的左半球控制着身体的右侧，包括语言、逻辑、细节等理性功能。大脑的右半球则控制着身体的左侧，包括空间、音乐、艺术、形象等感性功能。过早与单纯地知识学习会让孩子的左脑得到发展，右脑却不能得到很好的发展。只有左、右脑平衡发展才能促进孩子均衡与全面的发展。

二、如何让孩子做好小学入学准备

目前，大家都已认识到要遵循孩子的成长规律科学育人，都在反对"幼儿教育小学化"、提倡小学一年级"零起点教学"。进入小学一年级，孩子开始接受正规的、系统的教育，此时孩子的入学准备状态很重要。入学准备状态是指学龄前儿童为了能够从即将开始的正规学校教育中受益所需要具备的各种关键特征或基础条件，即儿童在进入学校时应当达到的发展水平的期望，或能够适应新的学习环境和任务要求的身心发展的水平与状态。"零起点教学"并不意味"零准备"，入学准备须重视。

大量研究表明，孩子入学准备水平对后期学业成就和学校适应具有预测作用，入学准备水平直接影响其后续水平。但入学准备不是提前学习小学的内容，入学准备不能错误地等同于识字、算数。研究发现，孩子早期的语言技能（如字母识别能力和语言敏感性）越好，后期学术能力越高。因此，在孩子0~6岁，培养孩子语言敏感性很重要，但不是指让孩子多识字、写字，而是要让孩子听到各种声音、各种语言，鼓励孩子唱诵歌谣、复述故事，培养孩子的语言意识和正确发音能力，培养孩子对语言理解的能力，特别是说和听方面的能力。从数学学习的角度，不是要求孩子会算多难的加减法，会做多少数学题，而是要给孩子提供丰富的玩具和活动，帮助孩子在玩中学，掌握生活中简单的数学知识，如对数、量、图形的认识和理解。

另外，入学准备除了知识准备，还需要其他方面的准备。孩子从以玩为主的幼儿园生活过渡到以学习为主的学习生活，其中的学习目的不同，教育方式和要求不同，生活方式不同。因此，孩子需要具有良好的行为习惯，具备一定的独立意识和任务意识（听得懂任务要求、能自始至终完成一项任务）、会遵守规则等。对这些素养和能力的培养将会为孩子后续的发展提供充足的后劲。研究发现，孩子上小学后，没有朋友比成绩差更糟糕，被拒绝的孩子容易出现社会适应不良、心理失调、学习成绩不佳等现象。因此，入学准备很重要，需要引起家长的关注与重视。

三、培养孩子多方面能力

幼儿期发展得是否良好影响将来是否幸福。3～6岁的孩子进入幼儿园，开始与更多的人接触，不久的将来他们还会进入小学。幼儿期的良好发展是幼儿后续学习生活与终身发展的重要保障。儿童在幼儿期发展是否良好，将影响孩子在未来的学习、工作与生活发展的顺利与幸福。

那么，从孩子一生发展的角度，这一阶段的孩子的教育与学习重点是什么？

第一，塑造孩子的良好行为习惯。良好的习惯对幼儿身心的健康、知识的获得、能力的培养、品德的陶冶、个性的形成都是至关重要的，将伴随幼儿一生，使幼儿终身受益。家庭教育要有意识促进孩子的生活、学习、思维、人际交往等行为习惯的养成。根据幼儿的年龄特征提出明确合理的要求，注意做到内容具体明确、语言通俗简练。根据幼儿能力，提出的要求逐步提高。

第二，激发孩子的好奇心与想象力。好奇心是人们积极观察世界、进行创造性思维的内部动因，是儿童学习的重要动力来源，也是创造性人才的重要特征。在儿童的日常生活学习中激发其好奇心是让幼儿轻松接受新鲜事物和学习新知识不可或缺的途径。儿童的好奇心具有幼稚性、情境性、广泛性和探索性等特点。好奇心强的幼儿接触新事物时注意力集中、爱提问、爱探索。面对孩子提出的各种各样的问题，父母应合理对待，采用合适的方式实事求是地回答。父母要善待孩子的"破坏行为"，如把玩具拆开等，满足孩子主动探索的心理，鼓励孩子对新奇事物和未知事物的好奇与关注。

第三，培养孩子的独立性。幼儿期的儿童自主意识开始发展，表现出一定的独立性，开始自主做一些决定与行动。3~4岁时儿童行为独立性快速发展，为今后其情感独立和认知独立的发展奠定基础。4~5岁的孩子随着道德感和自我评价能力的发展，儿童逐渐明白了随意发脾气等行为是不正确的，逐渐学会对情绪的调节和自控，有了自己的同伴和感兴趣的活动，在情感上逐渐消除对父母的依赖。3~5岁儿童的认知独立水平一直在提高，开始凭借事物的具体形象进行思考，有了自己的见解和主张。所以，家长可以依据孩子的独立性发展特点，营造宽松的环境氛围，让其愉快地玩耍，自由地交流，自己做主，做力所能及的事情，独立思考解决问题。

第四，培养孩子的多方面能力。父母可以在日常生活和游戏中让孩子认读汉字和感受数学、使用数学解决问题，选择图文并茂、图画为主、文字为辅、内容丰富、贴近生活的图书，通过讲故事、亲子共读故事的方式培养孩子的阅读兴趣与习惯。同时，可以在玩耍与游乐中培养孩子的绘画、音乐与体育运动能力，并采用图片、画报等直观形象的方式加强孩子对危险情境和事故原因以及后果的认识，提升孩子的安全意识与风险防范意识，让孩子学会自我保护。另外，良好的同伴关系有助于儿童获得一定的社交技巧，能使儿童具有安全感和归属感，有利于儿童社会价值的获得以及认知和健康人格的发展。因此，父母在鼓励与同伴交往的同时要引导孩子学会合作与分享、处理同伴间的矛盾，学会社会交往以及发展友谊的技能。

■**家长精彩评论**

① 我个人认为，做小学入学准备更多的应是让孩子知道上小学应该养成什么样的学习和生活习惯，鼓励孩子勇敢面对小学的成长。树立孩子的自信心很重要！

② 　　入学准备的核心目标之一是帮助孩子更好地适应小学的学习和生活。做小学入学准备是家长陪伴孩子学会解决问题的过程，提高完成任务的专注度，让孩子在成长中获得成就感。

③ 　　独立性、坚持性、责任感、自我调控、合作等品质与孩子未来的成功具有紧密联系，我们应该培养孩子多方面的能力。

第十七讲
亲子沟通的智慧和技巧

----- ■主讲人 -----

杨咏梅,《中国教育报·家庭教育周刊》创办人,中国家庭教育学会宣传教育专业委员会副理事长。

----- ■金句精华 -----

1. 好的沟通意味着有好的关系,有关系,才有影响、有教育。

2. 好的亲子关系不是亲密无间,而是"有间":关系足够好,但是界限是很明确的,允许孩子说"这件事我不想做"。

3. 语言是有能量的,如果我们不能给孩子一个正向的能量,我们就只能少说或者不说。

■演讲内容

　　亲子沟通是一件平常的家庭事，但也是家长容易丢分的地方。我们来讨论一下，当我们跟孩子沟通的时候，有哪些要注意的地方，有哪些要回避的坑。好的沟通意味着有好的关系，有关系，才有影响有教育。因此高质量的亲子沟通，是家庭教育很重要的载体，也是家长教育孩子的方式和手段。这件事情不是简单的你脾气温和，沟通就会好；脾气很急躁，沟通就不好。

一、沟通能力的重要性

　　美国石油大王约翰·洛克菲勒说：我愿意出比太阳底下任何东西都贵的价钱，来买沟通能力。美国沃尔玛公司总裁萨姆·沃尔顿说：我们成功的诀窍就是我们非常注重沟通，善于沟通。日本社会学家三普展说：沟通能力好的人，容易找到好工作，收入比较高，还容易获得美好的婚姻。

　　生活中，我们会发现，很多人就是靠会说话谋生。我们也能看到，很多亲子间的悲剧就是因为母亲的一句话引发的。两个画面令我印象深刻：一是2019年在上海杨浦大桥上，一名17岁的高中生因为跟妈妈在车里发生争执，从监控录像看到，他跳桥了；二是2020年，武汉一名14岁的初中生，因为妈妈在教学区责打他，就跳楼了。我想，每个父母都很关注：这两个妈妈当时究竟跟孩子说了什么，以至于孩子就要死给他妈妈看？

　　沟通不仅是教育孩子的问题，有时候是会要命的。我们每个人都会从原生家庭获得习惯性的一些沟通方式。小时候我犯了错误，妈妈是用打的方式，但是只要我爸爸的眼睛朝我这边一瞅，我就羞愧得开始流眼泪。不同的家长有不同习惯的沟通方式，但大家千万记住，当我们跟孩子在一起的时候，我们天然的作用是灌溉，我们需要刻意放下自己作为父母的骄傲。如果你不放下大人的骄傲，孩子就不爱听你说出来的话。

　　例如，家长在同一个写作业的场景有两种说法。第一种说法是：如果你没写完作业，今天就不能玩了。第二种说法是：如果你早点写完作业，你玩的时间就会多一点。如果你是孩子，你喜欢听哪一句？

我们再来看，关于我们批评孩子。比如看到孩子三道口算题已经写了 10 分钟，有些家长张口就说：你怎么那么磨蹭？一学习就磨蹭，玩游戏怎么不磨蹭呢？这样的表达下，家长做出了判断，情绪就产生了，孩子马上就会辩解：我怎么就磨蹭了？孩子房间不整洁，三天没有叠被子，家长可以用照相和录像的方式，描述事实，孩子没法反驳这个事实，随后就可以跟他谈下一步该怎么办。但许多家长的习惯表达是：房间乱得像个狗窝，你怎么那么懒，就跟你爹一样！这就没有办法往下沟通了。

《中国国民心理健康发展报告》显示，小学阶段学生的抑郁检出率是 10%，初中阶段到了 30%，高中阶段到了 40%，虽然抑郁检出率并不代表抑郁症患病率，但一定程度说明了中小学生心理健康水平有待提高。中国科学院和中国青少年研究中心的一组数据也很"扎心"，数据显示 7.7% 的中学生存在患抑郁症高风险，需要专业药物干预，5.5% 的孩子存在重度焦虑，甚至有 18.1% 的中学生有过自杀的想法。我们千万不要觉得这些数据跟自己的孩子没关系，这是我看待问题的分母。不管你自己的孩子是 9 岁还是 12 岁，你不要只看到他一个人，一定要放在所有 12 岁儿童的分母里面去观察他，知道他现在所处的大背景。

孩子的交友、人际交往和情绪容易被家长忽视，但孩子青春期容易出现的问题，恰恰出现在这些被忽视的点。教育心理学家李玫瑾提出了心理抚养的概念，我们常说的富养女儿，其实就是指心理富养，即给孩子足够的回应、关爱、陪伴，而不是让她物质上富足，心理上贫穷。

我们越重视亲子沟通和家庭教育的关系，就越知道：有些孩子的逆反，其实不是针对个人，而是反感家长跟他说话的态度和方式。因此，我想告诉大家一句话：语言是有能量的，请跟你旁边的人重复这句话。你说出去的任何一句话，要么就是把孩子往上推，让他更好，心理更坚强，要么就是把他往下拽，没有中间地带。

例如，一些家长聊起孩子时有句口头禅：我们家孩子不提学习还挺好的；孩子除了学习不好，其他都挺好的。还有家长特别喜欢说：我就担心我们家孩子……我就立刻告诫他：一定要停止经常这样想和说，因为你经常担心的事，就一定会发生的，因为担心也是一个愿望，你就好像不停在给孩子许愿。

因此，我们常说好孩子是夸出来的，要多鼓励他、多信任他。

父母的语言像一把雕刻刀，上天给你的小宝宝像一块璞玉，他将来可能会成为一个了不起的科学家或宇航员。只是暂时看不出来，你用你的话语一刀一刀地把它雕成美好的样子。反过来如果你总是责骂贬损，那就是在用手里的大锤砸它，再好的玉，也会被你砸烂。我们经常听到一句话：我这个人不坏，刀子嘴豆腐心。我认为这是个伪命题，在盐碱地打井就打出来苦水，在好土地打井就打出来甜水。我们每个人说出去的话，都是带着能量的，宁可少说，不可错说。例如，"我看你就不是一块好好学习的料，将来就跟你爸一样是个进监狱的料"，这是句非常糟糕的话。因为孩子相信父母和老师说的一切，年纪越小就越深信不疑。

二、亲子沟通的误区

在亲子沟通中，当我们不留意或太随意时，就会掉进一些坑里。以下三个坑大家是否曾经踩过？第一个坑是容易越界。忘记孩子是一个独立权利主体，我们与同事、领导都不说的话，情绪产生时，却在孩子面前怎么痛快怎么说。第二个坑是双标。有的孩子在网上抱怨父母双标，即对自己很松，对孩子可严了，自己刷着视频、玩着游戏，却责问孩子："你怎么就不好好学习呢？"有的孩子还很形象地说，我妈不准我玩手机，自己追剧，连地震了都不会动——孩子心里很清楚。第三个坑是抱怨。育儿不容易，在养育孩子的过程中，我们常常会有一些力不从心的感觉，难免抱怨，但如果成为习惯，就特别可怕。家长的这些毛病，被孩子观察到并放大后，我们在孩子心中的形象，就开始瓦解。

家长需要学习怎么讲话，"怎么讲"是由"怎么想"决定的，"怎么讲"是流出来的井水，"怎么想"就是由儿童观、教育观决定的。

孩子放学回家，家长会问：作业写完了吗？考试了吗？考了多少分？问什么意味着你在关心什么、在意什么，如果你总是关心这些，就会让孩子感觉到：爸妈不是爱我，而是爱我考的100分。

现在，不少父母也注重陪伴孩子，但有调查发现将近60%的家长陪伴孩子，是陪孩子写作业。父母时常处于作业焦虑，甚至被孩子气得心梗、脑梗。缓解作业焦虑需要从我们的儿童观入手，如果家长注重孩子全面发展，认为孩子除了作业，每天还有运动、阅读、家务等发展任务，你与孩子的交流内容，就不会只有单调的作业与学习。

因为我们不太尊重孩子的权利，导致家长普遍存在亲子一体化现象，认为孩子与家长是一体的，孩子生下来就黏着家长，天天跟家长在一起，我们舍不得孩子，孩子也舍不得我们。但是家长早晚必须要过放手这一关，因为所有的爱都以拥有为目的，唯有亲子之爱，必须放手。这是对家长的天然挑战。我们需要特别警惕亲子一体化，这是很容易掉进去的坑。我们应该尊重孩子的权利，尊重儿童发展的多样性。例如，小学高年级是孩子接触网络游戏的高峰阶段，家长往往烦恼于此。但是，游戏本身不是洪水猛兽，玩游戏也是孩子的权利之一，而不是福利。孩子不管学习好不好，都可以玩玩游戏，这是权利，但家长习惯于认为这是福利，学习不好，就没有资格玩游戏。孩子玩游戏之所以让家长烦恼，是因为家长担心孩子不知怎么自律、怎么自控、怎么守约。问题的焦点不是玩游戏，而是怎么能够拿得起放得下，不沉溺其中。聚焦于这个点，家长和孩子的沟通效果就会不一样。

儿童权利应该成为我们家庭教育的一条底线，家长不可以不知道。我们应该去学习相关的内容，我们越了解儿童权利，就越能避免主观臆断。

一些家长往往习惯于自作主张，周末怎么安排，假期怎么安排，都由父母定，这对孩子的自主性发展是非常不利的；还有唠叨的问题，特别是有些妈妈，天然就喜欢唠叨，让孩子不胜其烦。解决这个问题有一个小诀窍：当孩子跟你没有眼神对视的时候，最好不要说话，因为即使你说话，孩子也根本就不会听。不妨珍惜你的语言，看着他的眼睛，等他跟你对视时，才开始说。

生活中家长不能凡事替代孩子做，要充分给予孩子参与生活、得到锻炼的各种机会，我们对孩子越尊重，就越不容易越过家庭教育的底线。随着孩子成长，他对自己的空间有非常强烈的自主意识，进他的房间必须敲门，没有得到允许不能翻他的书本，物理空间他要自己说了算，权力空间他希望家长不要越界。好的家庭教育，就需要给孩子选择的自由、说"不"的权利。

心理强大的家长，是允许孩子说"不"的，例如你不喜欢孩子今天穿的衣服，但也不要表露情绪，要允许孩子去做一些没有超出边界，但也许是你不是很喜欢的事，他就会觉得被父母尊重了。

好的亲子关系不是亲密无间，而是"有间"：关系足够好，但是界限是很明确的，允许孩子说"这件事我不想做"。

三、亲子沟通的潜台词

我们说出去的每句话，除了表面的意思，还有一些是你心里的潜台词。

吃饭是人的本能，是挺愉悦的一件事，三岁的孩子吃饭应该不成问题，但为什么有的孩子一到吃饭就会哭闹呢？如果父母把吃饭与懂事、乖巧紧密联系在一起，孩子心里面就有了太多的道德判断，孩子的压力就加大了；同理，我们把它移到学习场景，学习其实也是人的本能，我们爬行、走路、上台阶也是学习，学习本身也是充满快乐的。

可是假如我们常常向孩子灌输"好孩子就应该考高分"，把学习与好孩子联系在一起了，尤其是把我们的人生安排和孩子的成绩挂钩，孩子心里就会产生压力。孩子并没有答应你，他一定要回报给你期待的结果。你表面上的循循善诱，孩子却捕捉到你话背后的勒索，捕捉到你不平等条约的高期待。

很多这样的潜台词，家长自己可能意识不到。比如，家长习惯告诫孩子：回家先写作业才能玩。虽然家长并没有说一定要先写作业再玩，但孩子却捕捉到话外音：写作业很重要，玩可有可无。

可是，对孩子来说，玩耍是他必须要得到的一项权利，是他成长中的快乐来源和一种学习方式。如果你老这么说，无形当中，就把学习变成令孩子讨厌的一件事了。

其实，我们不妨这样诱导孩子：回到家是几点，晚上睡觉是几点，必须做的事情有几个模块——吃饭、玩耍、做作业、睡前故事、洗脸刷牙，你觉得时间怎么安排比较好？从这种小事上去尊重孩子的权利，让他从自己时间体验中慢慢获得自主感。还有一句话"毒性"指数五颗星，我听过很多成年人很痛苦地告诉我，他父母小时候这样跟他说：你只要好好学习，别的什么事都不要你操心。许多人小时候都听到过，但是，这句话会在什么时候暴露出恶果呢？孩子成年进入职场时，建立亲密关系时，他会发现，除了学习我什么都不擅长，处处都是障碍，不知道怎么跟人打交道，不知道怎么去料理生活。

和孩子交流说话还有一个关键：如果能很清晰地表达，很好地跟孩子建立信任链接，这自然是好事。但是，如果我们没有把握好好沟通，也有一个止损的方法：那就是少说，甚至不说。

我听到过很多案例，自己也体会过，有些事情你念叨了半天，效果却不好。有一天你嗓子痛，身体不好，说不出话来，但你的眼神流露出的那种情绪和关切，反倒比你叨叨半天的效果要好。故而，语言是有能量的，如果不能给孩子正向的能量，那可以选择少说或者不说。

美国心理学家基诺特梳理了十类美国家长对孩子常说的话，大家不妨参考着给自己打分。第一类话是：傻瓜，没用的东西。第二类话是：你简直是个废物，你就是个笨蛋。第三类话是责备：你又做错了事，真是糟透了，你又把这件事情搞砸了。第四类话是压抑：闭嘴，我说不行就不行。第五类话是强迫：就这么定了，不要狡辩，不要顶嘴。第六类话是威胁：我管不了你，你爱怎么着就怎么着。第七类话是哀求：求求你了，你别这样气死我了，我就怕活不成了。第八类话是抱怨：你老这么干，让我伤心透了，你老拿这种成绩，我在单位都没脸见人了。第九类话是有贿赂：你要是考100分，要什么给你买什么，想去哪玩就带你去哪玩。第十类话是讽刺：你行，你长大了，这种事你都干得出来。如果从来没跟孩子说过类似的话，你就得了10分，如果你没有得到70分，就该认真反思了。

如果你说出来过三类类似的话，我觉得对孩子伤害就很大。其实，人天生就想成为优秀和卓越者，如果你希望孩子得到200分，他比你还想；你希望孩子品学兼优，他比你还想。人类有一个往上走的本能驱动力，只是我们走着走着就变平庸了。

原因就在于前文提到的十类话，如果我们经常用这十类话与孩子沟通，他的内在动力就越来越少，人生的路就会越走越艰难，甚至到一定时候他不走了。有的孩子突然说我不上学了，不中考、不高考了，就是因为他接受了太多消极评价，他形成了很消极的自我信念：我不行，我很笨，我很糟糕，我什么事都干不成。因此我再次强调：语言是有能量的。

那么，怎么好好说话呢？我有一个小技巧，就是把"说话"二字与"好"字组合：好好说话，是沟通的态度；话好说，是沟通的方式技巧；说说好话，是沟通的内容。这三个方面，哪个最重要？是态度！

请大家记住沟通的"55387"原则。沟通是否能成功得 100 分，55%取决于你的态度，38%取决于你说了什么事儿，说得是否清楚，表达得是否准确；30%是你沟通的语气、语调、语速是否清楚有技巧等；你所说的真正内容，只占 7%。

如果你和孩子的亲子沟通效果不够好，最可能丢分的地方是在态度上。一旦我们情绪产生、脸色难看的时候，沟通的门就被堵住了。

一些家长说话本身好像还行，传递的能量也高，但交流效果却不佳，那原因就可能是不善于倾听。听有三个基本要素：第一，听清对方说什么，把内容听完，确认是什么意思；第二，听到对方话里面的情绪；第三，要听到孩子背后的需求。例如，孩子说明天不想去上课了，话中有一个需求：他需要被你倾听，他有烦恼要跟你说。

四、如何与孩子一起寻找问题背后的目标

谁家孩子的成长都不是一帆风顺，难免伴随问题，关键是我们要思考怎么面对问题：我们是跟孩子面对面把问题放在中间，一块来纠缠这个问题；还是跟孩子肩并肩，一起来面对和解决这个问题。面对孩子成长过程中可能出现的问题，甭管是成绩考得不好，还是被老师叫去批评，或是孩子跟同学有矛盾，家长要沉住气，不要被问题给难住了，把问题背后的目标找到，坚信"问题的背后是目标"。

在很多时候问题难以解决只是因为家庭的教育一致性没有实现，有位心理咨询专家说：我从没见过问题很多的家庭，我只见过目标不一致的家庭。家庭成员的教育分歧取决于儿童观不同，所以家庭成员应统一对儿童、对童年价值的认识。

家长之所以有很多教育焦虑，是因为想对孩子的未来负全责。我们不妨

把期望降低一点，把自己该做的做到，争取少丢分，不着急追求加分，看点家庭教育基本原理的书。就像种花一样，给孩子足够大的花盆、合适的土，该浇水的时候浇水，该晒太阳的时候晒太阳，接下来，大家把自己的家庭建设好，保持家庭教育的一致性。

在健康的家庭生态中，谁应该是"董事长"？中国有句老话早就回答这个问题：养不教，父之过。我们的家庭生态应该爸爸去当头，大家有事就商量，特别是到了青春期，妈妈一定要往后退一步，爸爸一定要往前进一步，否则需要显露父亲权威的时候，爸爸说话就没有力量。家庭成员观念不一致的时候，能用什么好的方法？开家庭会议，订家庭公约。就目前的焦点问题，全家讨论一则人人遵守公约，签好字、按上手印，贴在墙上，规则上墙，矛盾落地。有了家庭公约，任何问题都能用几句话解决。以玩手机为例，家长就可以说："咱们家是不是有个约定？"孩子玩手机玩得沉迷，家长很忧心，要做的不是去抢手机，而是要让孩子觉得：要做一个守约的人。我们要孩子服从的是家中的规则，而不是爸爸凶，孩子就听爸爸的，妈妈软，孩子就去磨妈妈，家长一定要一致。

我们在辅导孩子作业的时候，很容易着急、发脾气，家庭教育专家、重庆师范大学教授赵石屏曾分享过一个六字秘诀，当孩子写作业遇到难题不会做的时候，家长只需说两句话：第一句是"不着急"，第二句是"再想想"。学习是大脑的活动，它需要情绪平稳，越复杂的学习活动越需要情绪平稳。如果孩子在学习的时候，总是伴随你的发飙、嘶吼、责骂，他打开卷子看到的，不是难题，而是你那张恐怖的脸；他思考这道题目时，想到的不是老师曾经说过的知识点，耳边回旋的是你骂他的声音。

一些家长很困惑：为什么我说那么多遍他不听，是我的问题还是他的问题？其实说的人应察觉，要把"不要这样""不要那样"变成正面表达。比如孩子明天要考试，最忌讳反复叮嘱孩子：你不要紧张。这样说，孩子反而会更紧张。我们应说：你要放松！在小区里，我们曾看到，长辈在孩子后面说不要乱跑，结果小孩子偏偏就摔倒了。我们应该说什么？停下。孩子马上就明白了。这是大脑接收信息的特点。

在生活当中，家长可以常常练习，尽可能使用正面的表达，而不是用讽刺挖苦的口气跟孩子说话，你希望他怎么做，你就怎么好好地说。你所有的话说出去，尤其那些带有暴力的批评、贬损、挖苦、讽刺，都会像疤痕一样留在他身上。我们需要顺应人性去养育孩子，有一位人类行为学家说了一句话：人类本质里，有一个最深远的驱策力，就是希望具有重要性，希望被赞美。比如我们从小到大，拍过很多集体照，照片里几十人，你第一眼看哪里？看自己！接下来大部分人马上就会有一种心理反应，说没拍好！这就是人性，因为每个人在内在都希望自己被看见、被肯定、被欣赏、被赞美、被鼓励。我们如果顺应人性去养孩子，就不会养不好，因为孩子天生希望优秀和卓越。其实，我们与成年人打交道，也希望你的领导在批评之前先有一句肯定，你怎么跟同事好好沟通的，迁移到孩子身上就行了。

在多子女家庭中，父母就要注意在孩子之间给他们公平的爱。据中国科学院的调研数据，针对孩子的暴力行为，分别是身体虐待、情感虐待、性虐待，以及忽视。其中，忽视最有可能导致孩子的焦虑和抑郁。老师不要经常去冷漠班里的任何一个孩子，这是一种极大的伤害。父母在孩子之间尽可能让他们感觉到：我是爸爸妈妈最爱的那个，请想办法实现这一点。当妈妈的，注意少唠叨。沟通有许多智慧和技巧，其实，智慧归结于我们的儿童观，家庭成员教育的一致性，成年人对儿童权利的尊重，以及对语言有能量的觉察。我们要尽可能地学会正面鼓励，夸孩子要及时。当然，不是不管教孩子、不批评孩子，管教和批评也是有学问的，要节制。

我们要定时，不要随口就说，要把情绪化的东西攒在一块，可以选择周末这样的时间，几件事情一起谈谈，家长重视，孩子也会比较重视；对孩子的批评也要精准，表扬时模糊问题还不大，批评时一定要清清楚楚，像照相机一样描述事实：这个学期你有三次没有戴红领巾，这就是事实。此外，表扬可以当着人，批评管教则一定要背着人，因为再小的孩子，也是有自尊心的。

五、反复练习，让良好的沟通成为习惯

所有的习惯源于不断重复，成为一种自动的反应。习惯有一个特点：没有一个好习惯，就意味着有一个坏习惯。你没有坐得端端正正的习惯，就意

味着你有躺着坐的不雅习惯。好习惯的习得不是自然而然的，只有不断地重复，才能形成。

我认为：给孩子最好的礼物是夫妻相爱。做妻子的，要善于在孩子面前树立爸爸的威信，抬举爸爸在家庭中的地位，否则等到孩子到青春期的时候，你就会觉得使不上劲。妈妈说的不一定管用，就这么奇怪，上天会把一些特别的权柄只给了父亲，所以家庭成员们要学会形成合力。

与孩子说话之前要注意的五个问题：第一，我说的这件事是真实的吗？我描述的是事实吗？有没有错误？第二，我说这话对孩子有帮助吗？还是我为了发泄自己的情绪？第三，我说的话能鼓励孩子吗？第四，我有必要说吗？非得现在说吗？第五，我说话是出于好意吗？

希望大家从今天开始，就把好好说话当成家庭教育的一门日常功课，有话好好说，说到孩子的心里去，让亲子关系更加紧密，享受家庭教育的美好和丰盛。

■家长精彩评论

① 何为沟通，"沟"通了，才是沟通。很多时候，我们和孩子的沟通其实还是只停留在"沟"上。有效的亲子沟通背后有四个主要目标：被听到（被看到）、被理解、被接受、使对方采取行动。

② 除了"不着急，再想想"，我再加一句："等你准备好。"养孩子不容易，我们要很努力。然而，我们光有努力还不够，还需要觉察和自省以及不断地自我调整。

③ 家长学会聊天是一门学问，家长与孩子相处时，需要放下自己作为父母的"骄傲"，这样才能平等地与孩子交流，孩子才爱听我们说的话。

第十八讲

从天府文化感知家国情怀

■**主讲人**

谭平，成都大学教授，天府文化研究院院长，城市文化研究与传播中心主任。

■**金句精华**

1. 家国情怀是一个国家非常重要的文化资源，也是一个国家和民族核心竞争力的关键组成部分。

2. 家国情怀，可以终身滋养孩子们温暖的情感，远大的志向、宽广的胸怀、坚韧的意志和高尚的气节。

3. 在孩子接受文化熏陶，提高品质，最终成为一名君子的路上，家长不仅是伴随者，还是引领者。

■**演讲内容**

家国情怀是一个国家非常重要的文化资源，也是一个国家和民族核心竞争力的关键组成部分。我们常说的文化软实力，其实它最珍贵、最有价值的那一部分，就是它国家的人民有没有家国情怀。我们中华民族有 5 000 多年生生不息的文明，之所以能够生生不息，成为地球上唯一没有中断过的文明古国，就是因为家国情怀。每一次朝代更迭，不管经历多少风雨，它都能够重新出现，重新澎湃，成为我们内心深处最重要的力量源泉。

我们所讲的家国情怀、所讲的天府文化是中华文化重要的组成部分。我们先要搞清楚，什么是文化？文化这个词，在全世界各种词典里面有 200 多种解释，因此人们讨论文化时，很多时候是不聚焦的，我们需要先求得基本共识，再讨论文化相关的问题。

我认为，所谓文化，就是以价值观和生活方式为主要代表的人类精神活动。在汉语中，我们通常说，文化是讲人文教化，以文化人。在文化这两个字里面，文是一种基础工具，包括我们平常使用的语言和文字，也包括我们生活环境中的文化元素。家长就是孩子身边最重要的文化力量环境，地位可能仅次于孩子心中崇拜的老师。另外，各种艺术形式，也是文化的传递和表达的载体。

教化这个词，在人文教化词组里是重心，主要用作动词。文化一定要体现力量，一定要产生推动人走向真善美、远离假恶丑的这种力量，那样的文化才有价值，才是值得推崇的。

在中华文化当中，文化有一个基础功能，是在每个人身上都应该实现的，在每个孩子身上都应该去培养的。这个基础功能，就是要使我们每一个人都能够终身维系并且传承人性。

孟子说，人和禽兽的差别是非常小的，只有君子才可以终身保持人的尊严，不管这个世界有多少灾难，有多少困苦，都不会让君子变成禽兽，他永远都会是一个堂堂正正的人。我们把终身保持做堂堂正正的人的这种品性，叫作人性。

不管是在学校教育、家庭教育还是社会教育中，中华文化都要实现一个基础功能，即传承人性、丰满人性，阻止人的异化。人很容易在各种外在条件影响之下，还原为禽兽。古往今来，善良的人、高尚的人和卑鄙的人、歹毒的人，可以呈现出天壤之别。同样是人，为什么有些人那么善良、高尚，而有些人那么卑鄙、歹毒，因为人性具有巨大的可塑性和可变性。

这也是文化和教育存在的理由，我们要有高水准的、具有朴实性的、具有穿透力的文化和文化教育，只有这样，我们的子孙后代才可以永远堂堂正正地做一个中国人。文化传承有很多途径，最主要的途径是教育，尤其是面对 18 岁以前的未成年人。教育一定是家庭、社会和学校共同努力的结果，它不可能是单方面的，在孩子接受文化熏陶，提高品质，最终成为一名君子的路上，家长不仅是伴随者，还是引领者。如果我们无力引领，就要想方设法去提高自己的素养，只有这样我们才能够做合格的优秀家长。

一、中华文化的三重育人境界

中华文化育人，自古以来有三种境界。第一种境界是保持底线，底线是什么？正如孟子所说，当一个人呱呱坠地的时候，爸爸妈妈就会给他"四心"，分别为恻隐之心、羞恶之心、辞让之心、是非之心。中国文化对人性持乐观的立场和看法，我们相信，人通过教育都有可能变成圣贤。我们的民族景仰和崇拜圣贤，我们立志成为他们那样的人，就是我们的信仰。几千年来，我们崇拜诸葛亮、岳飞、文天祥、范仲淹、林则徐，以及当代的袁隆平、钟南山。我们崇拜他们，并且想成为他们那样的人，这最终成为我们终身的人生取向。中国文化不靠神来建构信仰，我们通过对圣贤的追随来建构我们的信仰。第二种境界是达到健康线。健康线是指我们的祖先建构的一种以仁义礼智信为标识的价值观，即我们的精神家园。一名君子一定会自觉去践行仁义礼智信，成为这个社会温暖的阳光，成为沙漠里的一股甘泉，成为我们迷失时的指路明灯。我们与君子交往，如沐春风；我们与小人交往，就会焦虑紧张，会提防他、厌恶他。我们的孩子一定要成为君子，不能成为小人。君子的基本标志就是他会自觉相信并且去践行仁义礼智信，在今天的中国，仁义礼智信是通过社会主义核心价值观来表达的。

中华文化育人不会止步于此，还有一个顶级的目标，即通过多方面的努力，培育出民族必需的关键力量：在和平年代，一些人会先天下之忧而忧，后天下之乐而乐；当战争和灾难到来时，一些人会率先挺身而出，杀身成仁，舍生取义，拯救我们的国家、我们的人民。这些人就叫圣贤。虽然这些人数量不会很多，但是，他们是质，其他人是量，因为他们的存在，我们中华民族才有生生不息5 000多年的骄傲历史，才有新中国成立及伟大崛起，才有国家光明的未来。

作为家长，我们希望孩子成龙成凤，希望孩子朝着成为一名君子的道路走下去，他说不定就是将来的袁隆平、钱三强、钱学森……中国有14多亿人口，至少有几亿个家庭，按万分之一的比例培养出这样的人，我们国家就会有无数的精英，就能让我们民族永远光荣和骄傲下去。什么是家国情怀？家国情怀就是这些人群的一种基本禀赋或者一种标配，就是对于养育你的父母，有兄弟姐妹陪伴的家，以及我们祖国不可动摇的爱与忠诚。

二、家国情怀最基础的情感认知

那么家国情怀最基础的情感认知是什么？正如顾炎武先生所讲：天下兴亡，匹夫有责。对于我们国家的盛衰，作为国民，我们要与它休戚与共，它骄傲我们就骄傲，它痛苦我们也痛苦，当然，它苦难，我们就要去改变它！

家国情怀最普遍的一种行为体现就是在家尽孝，为国尽忠。在家里孝敬爸爸妈妈，那是每一个有教养的孩子的标配。孝敬，按照孔子的解释就是顺从，满足爸爸妈妈合理合情的愿望，哪怕可能父母的某些要求是错的，但我们也不会去伤他的面子，也不会让他感到难堪。按照孔子的说法，一个连顺从都做不到的人，就不要谈在家尽孝，为国尽忠。我们生活在这个国家里，我们是它的公民，我们就要为这个国家尽我们的忠诚。在和平年代，我们要做的就是遵纪守法，做好自己的工作。

当战争和灾难到来的时候，为国尽忠有各种体现。其中最值得尊重的，就是尽其所能，挺身而出。例如，"5·12"汶川地震后，成都市民非常可敬，很多人不顾艰险开着自己的车，用自己的钱买东西奔赴灾区救灾，尽显普通成都市民可贵的品质。

三、家国情怀小故事

在中华民族历史上，家国情怀经典的人文话语有很多：三过家门而不入；鞠躬尽瘁，死而后已；精忠报国；决心死拼以报国家！

在此，我要分享几个家国情怀小故事。

第一个故事是王铭章将军的故事。王铭章将军率川军122师在台儿庄战役坚守滕县时，完成了任务本可以撤退，但是他决定跟日本侵略者死拼到底，他发出最后的电报表示：决心死拼，以报国家。川军122师最后没有一个人投降。他是四川永远的骄傲，是成都孩子应该佩服的人。

家国情怀，可以终身滋养孩子们温暖的情感、远大的志向、宽广的胸怀、坚韧的意志和高尚的气节。受滋养的孩子将来不仅会被人羡慕，还会获得尊敬，甚至会流芳青史。成龙成凤，就是要成为这样的人。

培养、巩固家国情怀，就是我们教育的灵魂和我们教育的尊严。现在的一些教育行为是被诟病的，原因在于太功利，缺乏基本的人文情怀，更不要说有家国情怀。那些过于功利的"教育"甚至误导孩子，成为终身潜伏的巨大风险，让孩子没有灵魂、没有尊严。

我们希望探讨有尊严的教育应该有什么样的内涵。爱祖国，是家国情怀的基础情感，是一个人天生要做的事情。爱祖国、爱父母都是不可以讲条件的，这是人一生下来上天给你的义务。

一个人怎么样才能爱自己的祖国，爱自己的家乡，爱自己的父母呢？一般来讲，是他生存的环境和他认知的环境，比如在我心中，成都是地球上最美的城市，在开车两三个小时的空间距离内，可以看到的美景种类之多，世界上没有任何一个城市可以跟我们比，成都的海拔落差有5 000多米，拥有各种各样的地形和地貌，而且它绝大部分空间都适合人类和动植物生存。四川的动植物资源在中国范围内名列最前茅。现在地球上的野生的大熊猫不到2 000只，80%以上在我们四川；人工饲养条件下的大熊猫也有80%以上在成都。大熊猫除了可爱的外表和动作，还有800万年的生存繁衍历史，它提供了人和自然哲学上的一种借鉴和思考。

第二个故事是青铜神树和太阳神鸟的故事。我们知道三星堆遗址有很多伟大的文物，现在还在不断出土，而且根据考古学家的探测，我们现在的发掘面积可能只是实际面积的 1/10，也就是说，在未来的几十年内，三星堆遗址会给我们带来更多惊喜。

三星堆遗址已经出土的文物中有两件超级国宝：一件是青铜大立人，另一件是青铜神树。其中青铜神树传递了太阳和光明的故事，代表了古人对太阳的崇拜。据《山海经》和其他经典记载，我们的祖先认为太阳是由 9 只鸟合作在宇宙当中运行，这 9 只鸟轮流值班。我们在三星堆遗址看青铜神树，可以感受古蜀人的超级想象。金沙遗址出土的太阳神鸟金箔也是超级国宝，它已经成为现在中国所有历史文化遗产的标志，承载着我们的骄傲，中国有那么多历史文化遗产，但最后国家文物局选择它代表整个中华文明历史文化遗产。

三星堆遗址和金沙遗址出土的这些文物告诉我们，成都是一座极其浪漫的城市，是一个从来都不乏想象力的城市，一个国家、一个民族、一个文明，它的想象力是否强大、是否长盛不衰，直接决定它未来能走多远。

第三个故事是李冰治水的故事。实际上，成都平原成为最适合人类居住生存繁衍的一块土地，只有 2 000 多年的历史。在漫长的历史时期内，成都平原并不适合人类居住，因为到了洪水季节，整个成都平原很多地方都会被洪水淹没或者冲击。三个伟大的人物把成都平原由沼泽变成了"天府之国"。第一个人物是大禹。历史学家一般认为，大禹治理洪水是从治理岷江开始的，通过治理岷江的成功，他把成功经验运用于治理黄河和中国的其他江河，然后减缓了洪水对我们祖先的伤害，因此，大禹成为夏朝的实际奠基者，他的儿子利用他的威望建立了夏朝，由此，中国从原始社会跨入封建文明时代，他是中华民族的伟大英雄。大禹治水将他父亲的以堵为主的方法，改成了以疏浚为主，减轻了岷江洪涝对成都的伤害，但是没有从根本上解决问题。

到了距今 3 000 年左右，第二个人物——鳖灵登上了历史舞台。在杜宇王朝末期，成都平原又发生了大洪水，鳖灵成功地让成都平原摆脱了那一次的大洪水，他把龙泉山脉的一段打穿，形成今天的金堂峡，让成都平原的洪水能够通过金堂峡流入沱江，他找到了整个成都平原在东边的泄洪通道。鳖灵因此树立了崇高的威望，杜宇把自己的王位给了他，建立了一个开明王朝。

第三个人物是治水最了不起的李冰，他把大禹和鳖灵治水的经验加以了传承，同时又有自己的创新。他的创新就是"鱼嘴分水"，另外在宝瓶口这个地方把山体打开缺口，让洪水能够进入受控制的区域，再又用飞沙堰来解决泥沙的堆积问题，形成内江和外江以后，就完全可以掌控岷江了。李冰治水的了不起，在于他把水患问题基本上都解决了，实现了防洪、灌溉和航运，他因此成为人类历史上伟大的水利工程建设者之一，成为了不起的四川先贤之一。

第四个故事是击鼓说唱俑的故事。成都天回山出土了一个东汉的击鼓说唱俑，它是一个光着脚板和上身的民间说唱艺人，手舞足蹈地抱着一个腰鼓，在讲古代的评书或者故事。从雕塑的角度来讲，击鼓说唱俑是一个无可挑剔的杰作。从它传承的历史文化信息来讲，它说明，至少在东汉，成都就有非常发达、非常有群众基础的市民文艺生活。

但这些只是对它的初步解读。那么，我们还应该解读的是什么？孔子告诉弟子，最理想的社会是贫而乐，富而好礼。因此，我们看一个城市的文明高度，多数人过得怎么样才最重要，这就是精准扶贫也好，还是共同富裕也好，我们要追求的超越资本主义贫富分化的中国特色社会主义的一个本质特征。

说起击鼓说唱俑所代表的民间艺人，首先使我想到的是成都的李伯清先生，他用成都话，讲我们老百姓喜闻乐见的故事。我们看击鼓说唱俑，应该去观察他脸上的笑容，那种笑容代表的是，东汉时期成都这座城市有很多平民老百姓也过得很幸福，这样一个让老百姓很幸福的城市，才是成都这座城市最重要的一个特质。一个老百姓幸福的城市，通常意味着这个城市是有温度的。

第五个故事是浣花夫人的故事。今天草堂有一个专门纪念她的小建筑，就叫浣花祠。浣花夫人是一个民间女子，长得美貌健壮，她和家人就生活在百花潭附近。一次偶然机会她被西川节度使崔林看中，崔林明媒正娶地娶了她，并特别爱她。有一次，崔林去长安给皇帝汇报工作，泸州的军阀杨子琳觉得机会来了，率领军队从泸州打向成都，情况非常危急，这时候，浣花夫人挺身而出，把自己的私房钱、首饰全部拿出来，变卖筹款，招募军队，增加军事力量。当叛军打到城下时，浣花夫人又骑着马率先带队冲向敌阵，把叛军给打跑了。这个故事让我们认识了中国历史上真实的"花木兰"。花木兰是个文学形象，而浣花夫人是真实存在的。今天浣花溪旁边的百花潭，相传就是浣花夫人曾经洗衣的地方。如果我们带着孩子去那里，可以给孩子讲浣花夫人的故事，让他们知道什么是巾帼英雄，浣花夫人就是一个典范。

第六个故事是灯笼锦的故事。成都的蜀锦从汉代以后就远销世界，是中华文明最璀璨的华丽代表之一。宋代的政治家文彦博，曾到成都来当太守。他发现成都的蜀锦非常美，于是大力扶植成都的蜀锦产业发展。文彦博干得很好，老百姓也喜欢他。回开封的时候，皇帝的妃子张贵妃托他带点蜀锦回去，于是他就用自己的钱买了蜀锦灯笼锦带回。张贵妃比较高调，马上就将其做成衣服，穿着去参加皇家聚会，随即引起很多人的关注。于是这件事被监察官唐介给盯上了，马上呈上奏折弹劾文彦博，认为文彦博通过给贵妃送礼，变向向皇帝行贿，以谋取政治前程。这件事情在朝廷上引起了轩然大波，大部分大臣认为这就是件小事情，文彦博花的是自己的钱，不是用公款；但还是有部分大臣认为，这种行为应整治，官员给皇帝送礼不妥。最后皇帝决定把两个当事人——唐介和文彦博都贬官到地方，相当于对两个人都进行了惩罚。第二年，仁宗皇帝很想念文彦博，决定把他调回来，没想到，文彦博提出的回朝条件，是必须把唐介一起调回去，最后，皇帝答应了，事情有了圆满结局。文彦博政治胸怀博大，能够为国家大局考虑，让事情处理得圆满，这也体现了家国情怀。

第七个故事是关于尹昌衡将军的故事。辛亥革命时，尹昌衡将军是四川的军政部长，他鼓动军人起义，协调好八旗官兵，实现了四川的和平革命，让成都成为中国和平解决满汉历史积怨的城市之一。尹将军执政四川不久，1912年，西藏发生了大规模叛乱。尹将军主动向北洋政府请缨平叛，带领几千川军，花了几个月时间打败了几万叛军，保住了西藏，成为可以与保住新疆的左宗棠相提并论的民族英雄。

第八个故事是杨伟院士的故事。隐形战斗机是我们的大国利器，而杨伟院士是歼-20隐形战斗机的总设计师。他就生活在成都，是成都最骄傲的英才、当代天府文化的杰出代表之一。讲家国情怀，我就分享杨院士的一首诗：出生时，你是西南一隅的电光石火，喜悦在这头，质疑在那头；长大后，你是珠海航展的惊鸿一瞥，自豪在这头，振奋在那头；后来啊，你是祖国海天的坚强卫士，担当在这头，威慑在那头；而现在，你是战鹰家族的不老传说，引领在这头，希冀在那头。

这些故事是当代天府文化和家国情怀的最生动呈现。我希望孩子们心中的英雄是这样的人，如果家长能协助老师、帮助社会，去形成孩子对这些英雄、先贤的崇拜，我们的家国情怀就可以培养起来，我们的孩子将来就可以真正成龙成凤。

■家长精彩评论

① 家国情怀可以让人变得温暖、宽容、坚毅、勇敢……我觉得这些对孩子的成长都太重要了，若孩子长大后只是一个冷冰冰的人，是多么让人难过的一件事啊。

② 让我们记住：以爱和忠诚为核心的情感世界、以仁义礼智信为核心的价值观、以立德立功立言为标准的人生观、以天行健君子以自强不息的人生态度、以发现美好和创造美好的生活方式……这些，就是家国情怀！

③ 家国情怀是中华儿女与生俱来的一种积极向上的价值观，是中华儿女特有的一种优异品质，家国情怀早已沉淀为中华儿女的内在品格，成为中华优秀传统文化的宝贵财富。

第十九讲

独立面对，才能长大
——小学一年级孩子如何发展独立能力

■主讲人

赵石屏，重庆师范大学教授，全国高校家庭教育学科建设联盟常务副会长。

■金句精华

1. 老牛舐犊，不如燕引其雏。

2. 学习任务是孩子的责任，如果孩子认为对于自己的任务其他家庭成员都有责任，那么实际上就导致谁都没有具体责任。

3. 孩子要平安成长，最可靠的办法就是培养孩子的自我保护意识。

一、独立面对的问题

有位家长讲述，家里三代同堂，女儿从小享受"全程服务"，饭来张口，衣来伸手，日积月累习惯了事事依赖，反正有人帮她完成。思维、动作都慢吞吞的，磨蹭得很。冬天穿衣，奶奶怕她冻着，赶紧去帮忙；吃饭太慢，爷爷怕她饿着，赶紧用勺喂她，家庭教育完全没有"培养独立性"的意识，"自己的事情自己做"成了一句空话。

上小学一年级后，问题即刻暴露。在学校她总比同学慢：写字慢，动作慢，考试做题跟不上全班的节奏，体育课换鞋、换衣服更困难，有时候换好鞋和衣服到操场，体育课已经上了十多分钟了。家长这才意识到问题的严重性。

不只是这个家庭的问题，现在"八零后""九零后"独生子女一代人已经进入社会，但其中不少人表现出独立性差、没主见，遇到一点问题束手无策。一次春节前，我见一位母亲拎着几袋粉蒸排骨等菜品去做真空包装，要寄给女儿。我以为是快过年了，家长寄一点童年的味道给孩子。可这位母亲说寄了好多次了，孩子在外地工作，想吃的菜又不会做，只知道叫外卖，她担心外卖营养不够，于是隔三差五地做菜，给女儿抽真空寄过去。

这反映的是一种大包大揽、事事代替的教养模式。孩子已经成家立业，且在外地，而殷勤的母亲变着方法继续包揽孩子本该自理的事，让孩子继续不能自理，不能料理好自己的基本生活。常言道"慈母败子"，家长事事包揽，孩子就长不大，长不大的孩子就需要家长一直照顾，这还只是把菜做好寄过去，更有甚者，自己也有了家庭，却还被父母全程照料，现实中自己"啃老"、带着妻小一起"啃老"的现象也不少。

孩子怎样才能长大？答案是让孩子独立面对。为什么独立面对才能长大？怎样教孩子独立面对？

宋代著名政治家司马光说过："老牛舐犊，不如燕引其雏。"[1] 其意思是父母爱孩子，有的只会像老牛一样用舌头一遍一遍舐舐牛犊，尽显疼爱之情，然而孩子终究要立足于社会，所以真正的疼爱是教孩子多学本领，要像燕子带着雏燕一遍遍地练习飞翔那样，小燕子学会飞翔才能生存，所以，爱孩子要为他计长远，培养孩子独立面对世界的能力，孩子才能长大。

二、独立面对：自己的事情自己做

一位四年级孩子的家长诉苦道："孩子四年级了，不但不会做家务，铅笔断了也要削十分钟，写毛笔字弄得满手都是墨水，每次写作业找本子、找笔找半天，笨得不得了，真不知以后怎么办！"孩子动手这样笨拙，责任在于家长，如果从小学一年级开始就重视自己的事情自己做，四年级的孩子会这样吗？

其实孩子从一年级开始上学，就要独立面对很多事情，这时是培养孩子独立处理问题的好时机。因为孩子在学校，想依赖家长也依赖不了，独立面对事情能大大提升独立解决问题的能力，这是非常重要的事情。如果家长事事包揽，孩子就无法独立面对，总有人代替去做各种事情，总有人挡在前面，孩子自己的事情一直不是自己去做，结果会怎样？

孩子从一年级开始每天自己收拾书包、整理文具，从生活小事，逐渐到简单安排自己的学习、考试，再到将来独立面对自己的职业选择、人际交往、情感情绪，直至承担起家庭、事业的重任。孩子只有在独立面对曲折的过程中，才能逐渐长大，直至成才。具体的做法是：

第一，培养利索的孩子。

据某小学一年级的调查，约16%的孩子早上起床还不能自己穿好衣服，约31%的孩子有时不能自己穿好衣服，更不用说其他事情。在二年级调查中，还有大约1/3的孩子由家长帮着收拾书包。可见这些家长还是没懂得"自己的事情自己"的重要性。

---

[1] 司马光《潜虚》。

一个二年级孩子，家长一边问孩子"这本练习册明天带吗""明天带跳绳吗"，一边往孩子书包里装进第二天需要的课本文具练习册。我说："都二年级了，你让他自己收拾整理。"家长说："还是我收拾省事一点，他收拾不全，落下什么，明天我还得给他送到学校去。"我不赞成这位家长的这种看法，说："开始都做不好，多几次他肯定就会收拾书包了。你这样他永远都做不好。"

一年级孩子开始收拾书包有困难，家长要耐心教，先放什么，后放什么，课本放哪里，笔盒放哪里，水杯放哪里，这样到课堂上就有条理。有的孩子老记不住，家长也不要责怪，请耐心地一次次反复提醒，多几次孩子就记住了，就能够很利索地收拾好书包。

孩子只有六七岁，开始都不可能做得好，家长要记住：让孩子独立面对，绝不代劳，孩子独立做事遇到困难，不要急着去帮忙，让孩子学着自己处理，经过一段时间，孩子逐渐就能干利索了。

教孩子自理比家长自己代劳要费劲得多，这是家长老是包揽代替的一个原因。教孩子收拾书包用的时间，比家长自己三下两下收拾好要多得多，但是家长必须要有这点耐心，耐心等孩子自己做才是长久之计。因为你不可能代替孩子面对人生所有事情。家里的事情家长可以代劳，但家长不可能到教室去帮孩子上课时拿出课本、文具，不可能代替孩子去上课、去听讲、去做作业，更不可能代替孩子解决一辈子的各种问题。

有的家长认为自理是生活方面的小事情，与学习没关系，所以不重视。其实不少学习跟不上进度的孩子，自理能力都比较差。在小学一年级教室里，老师叫学生拿出笔来写练习题，别的孩子已经写了一两行字，动作慢的孩子才开始写；写完练习题老师让坐端正，开始讲课了，动作慢的孩子还没放好笔、书包还没放进抽屉，本子没合上，手忙脚乱的，一看便知是在家里不太会"自己做"的孩子；体操课上完了他们也不会系鞋带，等系好了，下一节课的铃声又响了，还没上厕所……动作节奏总是慢于其他孩子，跟不上速度要求，学习很被动。所以，自己的事情自己做，不单是培养孩子的生活自理能力，更是孩子学习能力发展起来的基础。

其实孩子从两三岁就喜欢"我来做"！他们并不喜欢由家长代劳。

上学后更不愿意在班级里显得很笨，他们也乐意表现自己是个能干的孩子，以得到老师和同学的称赞。有高年级的孩子写作文对家长说："妈妈，你不要溺爱我了！我能自己做事情。"

第二，培养有责任心的孩子。

对一年级孩子来说，上学本身就是对责任的培养，上学是自己的事情，自己的事情自己做。有老师反映，经常有书本、衣服掉在教室里、操场上，几天都没有孩子去认领，老师拿到教室询问，孩子也不知道自己的衣服是什么样的。新华书店里我也见到过家长买课本，我说肯定是孩子把书弄丢了，家长说孩子一学期弄丢了3本书，不知道掉在哪里，家长只好再买。文具就更不知道丢了多少。可见，促进孩子长大，应从自理开始去做。

有的孩子在四五岁就学着自己洗头、洗澡，自己收拾文具了，到上一年级，按时起床上学、写作业就比较主动。写作业这件事情最能培养孩子的责任感，完成作业是自己的事情，就应该独立完成。家长只是辅助，不能把作业弄成了家长的事情。

现在有的学校把作业布置到家长手机里，要求家长督促完成、签字，甚至还要求家长批改后传给老师。这是不符合学生"独立完成作业"的要求。一年级孩子识字还少，看不懂题，那么就应该布置孩子能够听得懂、记得住的作业。听懂老师布置的"作业或任务"，也是孩子要独立面对的课题，家长不应该代劳。

因为写作业是孩子的责任，批改作业是老师的责任，家长和学校合作的边界应该清楚。家长要坚持一点，孩子自己能完成的，就让孩子自己完成，自己的事情自己做。如果超过了孩子的能力，要向老师反映，作业超过了孩子的能力范围。

一位家长说，学校布置作业，在家里制作端午节的粽子，以及一条纸质的龙。这超过了一年级孩子独立完成的能力范围，于是家长告诉孩子，这项任务你一个人没法完成，我们帮你准备好材料，但你自己至少要做一个粽子，才算独立完成作业。包粽子并不好掌握操作要领，但是家长坚持，一次次地示范，用粽叶怎样卷出一个锥形、怎样装上糯米、怎么用丝绳捆……从头到尾花了3个多小时，孩子终于包好一个粽子。这位家长坚持孩子自己的事情自己做，培养的就是孩子的责任意识。

我参加过不少上述类似的活动，发现很多家长遇到这种情况都忍不住要去代劳，一次家长坐在教室里参加孩子手工制作的观摩课，我看见有的妈妈就忍不住要去帮孩子完成。有个小男孩不让妈妈帮忙，他妈妈还说："你做得太慢了。"我在想，即使做得快有奖品，也得孩子自己完成的才算数呀。

家庭成员各有各的责任，成人有成人的责任，学习任务是孩子的责任，如果孩子认为对于自己的任务其他家庭成员都有责任，那么实际上就导致谁都没有具体责任。在责任混乱无序的家庭长大的孩子往往就缺乏责任意识，好像什么事都与自己无关，很难担起责任。

能担起学习责任的孩子，学习能力才能培养起来，随着独立学习的能力不断提升，孩子的自信也会不断提升。更重要的是，自己的事情自己做，对孩子的成长具有更多重要的价值：有体验、有知识、有动手、有推理、有直观、有经验，以及能克服幼稚、笨拙、依赖，才能收获真正的成长。

三、独立面对：学会自我保护

孩子上学后离开父母的时间增加了，面临的安全威胁也大大增加，人身安全成了家长最担心的事情。有一项对家长的调查：孩子上学后你最担心的是什么？回答"最担心安全"的比例占第一位，"学习不好""担心学坏"列第二、三位。有家长说："我无时不在担心，感觉危险无处不在：过马路、被拐卖、被盗窃、被施暴……"的确如此，只要孩子不在身边，家长的担心就难免。

但是孩子要上学、要长大，必须离开家长独立活动，所以除了给孩子悉心的保护，最好的办法是教孩子学会自我保护，才是最根本的保护，培养孩子能独立面对是最有效的保护。如孩子上学过马路，开始一段时间家长要接送，在接送的过程中，就要教孩子警惕周围是否有车辆，教孩子熟悉交通规则，为独立过马路做好准备。有家长不注意这一点，孩子没有自我保护观念，跟家长一道就规规矩矩走，没家长就乱穿乱跑，非常危险，甚至还有家长带着孩子乱穿马路。

孩子玩耍的场地也容易出危险，危房危墙、锈腐的铁门、沙堆塌陷、断破的电线、松动的栏杆、施工工地等，这些场所随时都可能危及孩子安全，家长要注意孩子上学路线附近的情况及孩子的玩耍场所是否存在隐患，叮嘱孩子哪些地方不能去，哪些设施不能去触碰，哪些危险地带绝不能去玩耍。家长要教会孩子保持对陌生人的警惕和具体做法，告诉孩子无论什么情况也不能跟陌生人走，包括不帮陌生人带路等。

家长要告诉孩子远离日常生活中的电器、燃器、刀具、尖利物品，在厨房不随便触碰使用，我曾不止一次看到小孩子拿着烧烤串一类的尖利竹签，一边吃一边沿着斜坡路飞跑，而家长在旁边跟没事儿一样，我提醒太危险，家长才勉强招呼一下"慢点跑"。我想，医院里经常会接诊儿童意外伤害事故，这些事故大部分出自这些家长的毫不在意，更缺乏让孩子树立自我保护意识。家长要告诉孩子，凡是手里拿着尖锐锋利的东西，就要停下来，绝不能飞跑。家长也要以身作则给自己定下规矩，看手机就停下脚步，就不会在横穿马路、进出电梯时出问题，也不会掉到坑里去。

一年级孩子上学后，独立活动的时间和范围都在增加和扩大，孩子要平安成长，最可靠的办法就是培养孩子的自我保护意识。这里介绍英国的"儿童十大宣言"，它告诉孩子自我保护的具体做法，很具体、很详细，小孩子容易记住也能做到：

（1）平安成长比成功更重要；

（2）背心、裤衩覆盖的地方不许别人摸；

（3）生命第一，财产第二；

（4）小秘密要告诉妈妈；

（4）不要喝陌生人的饮料；

（6）不要吃陌生人的糖果；

（7）不要与陌生人说话；

（8）遇到危险时可打破玻璃，破坏家具；

（9）遇到危险时可自己先跑；

（10）不保守坏人的秘密，坏人可以骗。

■家长精彩评论

① 　　家长要学会放手，多鼓励孩子，培养责任感，让他自己的事情自己做，增强独立能力。

② 　　成长是一个漫长且循序渐进的过程，一定要从由父母代劳到孩子主动承担。相信孩子，让他独立面对学习、生活。

③ 　　让孩子"尝试错误"，是发展其良好思维能力的重要条件，出色的思维能力一定是在无数次"尝试错误"中锻炼出来的。家长要看到孩子错误背后的教育价值，让孩子去挑战困难，并告诉孩子：错了再来，没关系。

第二十讲
家庭教育的误区

■主讲人

游永恒，四川师范大学教授，四川省教育厅特约督导员。

■金句精华

1. 家长自己变得优秀，家庭就有最深厚的教育资源。孩子成长，爸爸妈妈也在成长。

2. 人生不是短跑，不是冲刺。人生是马拉松，比的是持久的耐力，比的是可持续的发展。

3. 如何在赏识教育、快乐教育、接纳教育和严苛教育之间维持平衡，是家庭教育的艺术。

■演讲内容

很多家长都非常重视家庭教育，但如何重视，背后有很多学问。

一、怎么看待原生家庭

现在，社会大众很流行讨论原生家庭：如果孩子原生家庭好，那么这个孩子成长就很顺利，终身受益；反过来，如果原生家庭不好，比如父母的健康状况很差、有遗传缺陷、家庭不完整、隔代抚养等，就很容易给孩子的成长带来一些负面的影响。

人成功了，人们就说你看他的原生家庭如何好；人辍学了、得抑郁症了，人们先想到的就是找他原生家庭的原因，认为他的原生家庭有问题，给他带来了心理阴影。这个观点似是而非。我们得先肯定原生家庭的重要意义，这是毫无疑问的。

孩子的遗传基因是父母给定的，给他奠定了生物学基础，决定了这辈子可能发展的潜能。比如智商有多高，情商怎么样，心境是否愉悦，在相当程度上，是由父母双方遗传基因的组合决定的，从这个角度来看，原生家庭很重要。

但是，人的成长也不完全是先天遗传基因决定的，家长后天如何与孩子互动，怎么跟孩子交流，也直接影响孩子大脑的发育。如果父母早期和孩子交往亲密，经常互动，孩子对父母形成了健康的情感依恋，对孩子终身心理健康都有好处，孩子会有安全感，有归属感。"爸爸妈妈喜欢我，我很有价值，我可爱"，亲子之间亲密的话语交流奠定了孩子自我价值的基础。父母给孩子带来的情感，对他以后的发展，会产生持久的影响。

另外，父母在和孩子互动的过程中，会发生深刻的神经生物学方面的变化，比如导致大脑中催产激素增加。早期的亲子互动塑造了孩子的大脑，也在一定程度上改变了家庭成员内分泌的特征。其不但有利于大脑本身的发展，而且对于人的积极情感的产生，亲密和谐情感的产生是非常有意义的。从这种意义上讲，我们说原生家庭很重要，父母和孩子的互动决定了孩子发展的方向与水平。提供一个很好的原生家庭，发生亲密的亲子互动，就是生育的责任。

原生家庭先塑造了孩子的大脑。从先天、后天的角度，我们共同塑造的孩子的大脑是什么样的，他未来的人生就是什么样的，这是荷兰科学家施瓦多的观点。这一点过去我们认识得不深刻，现在随着神经生物学研究的深入，它提示我们，其实早期的互动和交流对孩子生理心理的未来成长可能性，影响巨大。因此，我们认为原生家庭某种程度上决定了孩子的成长发展。

但是，我们也要看到原生家庭的复杂性，既要看到原生家庭积极的影响，也要看到原生家庭可能带来的负面影响。我不赞成现在社会上的一种观点，似乎只要你原生家庭不好，你就完蛋了。我不赞成在这方面持一种宿命论的观点。

实际上，从心理学的研究来看，人的原生家庭不好带来的心理创伤有两种情况。一种是创伤后沉沦。原生家庭不好，早期缺乏积极的情感依恋，可能给孩子留下一些阴影，导致他以后焦虑抑郁，性格封闭内向。另一种是创伤后成长。早期的挫折成了他以后成长的一种财富。其实积极心理学更重视的是创伤后的成长，并不是原生家庭不好就会永远创伤，就没有了成长，这是消极的观点。

曹德旺是非常了不起的企业家，出生在一个福建农村家庭。小时候他很贫困，最盼望的就是能够吃饱饭。他觉得，小时候经历的贫困是自己一生的财富，这就是创伤后成长的例子。实际上，这样的案例很多，如人本主义心理学家马斯洛。小时候他与母亲关系紧张。作为著名心理学家，他对母亲一辈子都没有原谅，认为母亲冷酷、暴躁、愚昧无知、对孩子充满敌意，认为自己原生家庭不好。但这样的出生并没有妨碍马斯洛成为人本主义心理学的创始人，并富有成就。

这两个案例告诉我们，不要背上原生家庭的包袱。原生家庭不好，后来发展好成长好的人比比皆是，我们把这种情况叫作创伤后成长。

原生家庭宿命论的观点并不科学。这种观点会导致三个问题出现：第一，青少年把成长中的问题合理化。他认为：我厌学，是因为我父母不爱我、因为父母闹离婚，我就是不想学——把自己的情绪合理化。他沉迷网络，交坏朋友，吸烟酗酒，都怪在原生家庭，都怪父母对我关心不够，我感受不到亲情。因此，过分强调原生家庭因素，孩子很容易极端化思考，失去了自我矫正、自我反思、自我完善的成长机制。第二，孩子把对立违抗的情绪合理化，孩子就失去了从父母的积极资源中得到发展的机会。他就忽视了自我责任、自我成长、自我矫正。第三，可能对父母产生永久的伤害。父母会变得后悔、内疚、自怜、患心理疾病，对孩子、对父母都形成伤害。

因此，我们更提倡创伤后的成长，我们可以自我修复。这就是积极心理学的观点，不要受原生家庭宿命论的影响，家长应该拥有积极向上、自我矫正的成长心态。父母并不完美，父母都会犯错误，遇到孩子成长中的问题，父母内心也有虚弱无助的时候。但是，父母和孩子的亲情永远刻骨铭心，要在相亲相爱的过程中，感受生命的意义。

二、家长逼孩子学习，自己却不学习

家庭教育的另一个误区是关于父母指导帮助孩子学习：一些父母习惯于把孩子送去补习班，找最好的学校，不让孩子输在起跑线上。我认为这不是好事。家庭教育除了父母给孩子创造条件，呵护孩子的情感，很重要的内容是，家长的自我修炼，自我成长发展。说通俗点就是，家长自己变得优秀，家庭就有最深厚的教育资源。孩子成长，爸爸妈妈也在成长。父母很优秀，孩子从小和优秀的父母待在一块，便会得到潜移默化的直接、间接的影响。

家长逼孩子学习，自己却不学习。所以我建议，作为家长，我们要关注自己的成长，关注自己有哪些不足。家长都很重视孩子的品德教育，但更重要的是，父母需要做出公共伦理、公共道德、公共精神的示范。如遛狗时一定系着绳子，注意对他人的困扰，想着怕狗人的感受，这就是对孩子的道德教育。但是，现实生活中，一些人遛狗不系绳子。他们习惯于以自我为中心，运用婴儿式思维，只知道自己的感受，不在乎别人。遛狗系绳虽是小事，但能反映人的公共伦理和公共道德修养，如果一个孩子从小看到妈妈是文明遛狗，这就是好的家庭教育。身教重于言教，孩子与其说是听你怎么说，不如说他看你怎么做。

一些父母要求孩子学习，给他创造条件，甚至施加压力，不断激励他，自己却沉迷于打牌，不读书、不看报，精神生活不丰富，学历不高、没有追求。因此我建议家长，如果希望孩子努力学习，自己就要好好学习，自己就要做出示范，父母本身好学，才能对子女有促进。

三、家长认同孩子要全面发展，实际更看重孩子的学习成绩

现在中小学大大加强体育、美育、劳动教育，国家的意图，就是要让孩子们全面发展。不但学习好，还要有基本的生活技能，做到全面发展。虽然家长也认可，但是误区就在于，一些家长坚持学习才是硬道理，劳动耽误时间。

这需要家长对孩子的成长领域有更深刻的理解，不能把学习理解成记住知识。学习的领域是非常广泛的，如包含：认知领域，懂得记住，能够对知识做出反思，并且能够创造；动作技能和操作能力，行动的能力很强，以后做事情就非常有执行力；欣赏美和创造美的能力。

学习还有一个很重要的领域——社交能力。孩子怎么为人处事，怎么与人沟通，怎么表达，怎么化解人际的冲突，都是非常重要的学习内容。他以后适不适合做管理，其实在小时候的社团活动、同伴交往中就已经表现得出来。

因此，作为家长，需要树立全局学习观，人的成长是多方面发展的。把学习理解得很窄，认为就是课本知识学习，就是刷题、考高分，对其他方面都不怎么关心，这就是许多家长现实中的认识误区之一。

教育要注重孩子的全面发展，培养学生关键能力、必备品格，并不会导致以后孩子考低分。孩子身心健康、情感饱满、全面发展、综合素质好、综合学习能力很强，考高分顺理成章。

学生课业负担过重，损害心理健康，扭曲成长。"双减"政策代表的是教育改革的顶层设计。我国教育主管部门大力整治社会培训机构，目标就是把孩子的作业负担减下来，社会培训负担减下来。有的家长却为此焦虑，其背后暴露的就是家长的教育观念。我们需要"双减"，让孩子有更多的时间去参

加体育、美育、劳动、社交，这样才能够更好地促进孩子的全面发展。

对于现在存在教育浮躁的问题，许多家长的心情也很急躁。误区在于，家长把孩子的成长当成了冲刺短跑，所以就焦虑。我不赞成"输在起跑线"的说法。人生漫长，起跑线没有想象中那么重要。人生不是短跑，不是冲刺。人生是马拉松，比的是持久的耐力，比的是可持续的发展，这就是我们今天家庭教育应该有的一种理念。

四、是注重吃苦教育，还是注重赏识教育、快乐教育

中国传统教育价值观中，更多的价值取向是吃苦教育。著名的格言：学海无涯苦作舟。孔子则强调好学乐学，认为一个孩子要成长得好，就要培养他好学、喜学的情感和动机，让他学得高兴，学得愉悦。孔子认为乐学是比好学更高的一个境界。遗憾的是，孔子那么伟大的教育家，乐学、好学的主张，却从来没有成为传统教育价值观的主流，而更推崇严苛苦学，头悬梁锥刺股式地学习。

赏识教育也好，吃苦教育也好，都有其独特的价值。赏识教育的重要内容是激发孩子，甚至父母默认自己孩子不优秀，但是父母永远爱他。不会因为孩子哪次考试考得不好，父母就暴跳如雷。赏识教育一定包含着父母对孩子无条件的接纳，还包括对快乐兴趣的培养。现在心理学非常重视赏识教育所带来的情感体验、人格收益。吃苦教育包括严苛教育、惩罚教育、挫折教育，让孩子吃一点苦，经受挫折。但要避免走极端，如成为狼爸、虎妈，培养孩子的狼性等。

如何在赏识教育、快乐教育、接纳教育和严苛教育之间维持平衡，是家庭教育的艺术。不简单赏识，只追求学习快乐；不单纯严厉，一味地进行吃苦教育。赏识教育更多关注学习中积极的情感、积极的动机，并且将其转变成成长的动力，促进孩子健康人格的形成。赏识教育不是一味地迁就孩子，其背后也有严格的要求，也讲规则意识。培养孩子的兴趣，激励他对学习终身热爱的情感。

现在孩子在学习上经受的挫折太多，他们更需要鼓励，更需要热情的期

待，更需要学习出现问题后的理解与指导，我们需要延缓对孩子成长的等待。这种背景下，我们应该在学习上让孩子多一些成功的体验，感受学习的欢乐，更多体会到来自老师、家长的激励。同时，我们并不排除给孩子提要求、指出问题。此时他更容易接受，因为这种批评指责的背后是接纳。

现在真正需要挫折教育的，是在生活方面，比如少拿一点零花钱，少买昂贵玩具等。在体育锻炼、生产劳动方面，我们也可以多给孩子一点挫折教育，让孩子体验艰苦付出，辛苦劳累。

五、家庭教育普遍规律与孩子个体个性的匹配问题

每一个孩子的个性不同，教育的方法就应该不同。教育的方法也有普遍规律，如对孩子多一点亲密呵护，让孩子保持适度的体育锻炼。家庭教育需要通过尝试来减少错误，来总结适合的正确方法。

我建议大家不要盲目照搬家庭教育方法。同样针对孩子沉溺网络游戏，有的家长严厉惩罚后，孩子改弦易辙，摆脱了对网络的依赖；有的家长严厉惩罚后，孩子变得极度叛逆，离家出走，发生亲子关系破裂的悲剧；有的父母走进网吧，拍拍孩子肩膀，通过温和的表态，和风细雨的劝诫，就触动了孩子内心，达到了目的。

这提醒家长，进行家庭教育要一把钥匙开一把锁，孩子的个性不同，天分不同，亲子互动的方式不同，教育方法就应该不同，不是人家的狼爸培养成功了，我也来当狼爸。这是父母在认识上要避免的一个误区。

总的来讲，家庭教育中，每对父母都会遇到这样那样的问题，教育孩子的时候都难免会磕磕碰碰，这就需要家长走出家庭教育的迷雾，好好学习、好好反思。尤其重要的是，注意自己的成长，自己要学习，把自己提升到很优秀的水平，你的家庭自然就拥有了丰富的教育资源，你的孩子也会终身受益。

■家长精彩评论

① 　　想要孩子成为什么样的人，父母就先去成为什么样的人！在家庭教育中，父母对孩子的教育也是"行胜于言"。如果不想孩子输在起跑线上，父母就应该不断学习提升，父母的认知格局才是孩子真正的起跑线。

② 　　家庭教育的关键在于父母更新教育观念和教育方式，创造良好的家庭教育环境，改善与孩子的沟通和关系，其核心是父母本身的学习。亲子相处的过程是父母的再学习、再优化、再升级。

③ 　　初为人母，面对孩子各个年龄阶段的成长，多数时候手足无措，我们总是觉得自己也是这样长大的，自己的认知、判断都是对的，却忘记了每个人都是独立的个体！

第二十一讲

心之所往，向美而生

——如何在家庭美育中培养孩子的格局和修养

■主讲人

毛娟，四川师范大学教授，四川师范大学文学院副院长，四川省美学学会常务理事。

■金句精华

1. 美好的东西并非自生，是因为有我们那双发现美的眼睛，会照亮周围的世界。美是发现、是照亮、是创造、是生成。

2. 孩子的成长需要不同的养分，我们的孩子在每一次主动选择中成长，并承担选择的后果。只有这样，他们才能真正自我理解，并理解他人。

3. 心之所往，向美而生。无论是自然之美、儿童天性之美、阅读之美，还是行为之美，都是我们与这个世界产生的深切联结，都源于这双发现美的眼睛。

■演讲内容

美好的事物人人向往，但若是缺少发现的眼睛，它也容易被遮蔽。如何擦亮发现美的眼睛，是一个需要全社会回答的课题。

我们要谈的"家庭美育""生活之美"，与孩子密切相关，孩子是父母生命中无法割舍的部分，是父母生命命题的相加之和。

"美育"是审美教育的简称。18世纪德国席勒的《美育书简》是西方第一部关于美育的专著，席勒在人的生存意义上确认了美育的价值内涵。美育所秉持的情感内涵与人文精神，使它超过了艺术哲学的内涵，在现代文化中具有特殊功能。在我国，最早倡导美育的是北京大学校长蔡元培先生。他在《哲学总论》中提出"美育"一词，简单来说，美学也就是我们平常说的审美教育。

家庭美育植根于生活，是对日常生活中的"美"的体验。因此，我们对"美"的追问，也需要在日常生活中寻找答案。唐宋八大家之一的柳宗元，曾说过这样一句话："美不自美，因人而彰。"也就是说，美好的东西并非自生，是因为有我们那双发现美的眼睛，会照亮周围的世界。美是发现、是照亮、是创造、是生成。当我们面向自然，也许可以从千年前的庄子那里，听到一些古老的声音，比如"心斋坐忘"。它告诉我们，人需要放下内心许多患得患失的欲求，安安静静地倾听几场风声、雨声。

当父母面向孩子，需要想想，如何与儿童的天性合作，发现每一颗赤子之心的可爱之处，在儿童天性之美中获得别样的享受。我们所行的每一步，是与我们的孩子同行；我们所做的每一件事，是与我们的孩子共同奔赴。今天，我将从自然之美、儿童天性之美、阅读之美、行为之美四个方面，与大家共享美，谈谈如何在家庭美育中，培养孩子的格局和修养。

一、自然之美

在生活中，最直接最纯粹的美来自大自然。那既可以是磅礴大气的壮美，也可以是温婉娟秀的优美。每一种自然风景都可以成为一种心情，一种美学风格，甚至一种处世态度。当我们的身心真实地接近自然，细心流连于花草生长的时候，一个所谓的艺术世界也就打开了。

"自然"是最天然的艺术，当我们置身于自然，凝神遐想的时候，"美"就自然发生了。自然能给予我们一种天然的亲近感。当人们置身于自然之时，会被称为是一种"返乡"，即返回自己的精神故乡，在自然中领悟四时循环之美，从心而行，率性而为。

其实这一说法是有据可循的。在现在的基础教育里，教孩子学习汉字都在普及"字源识字法"。中国汉字蕴藏着中国人最独特的美学密码。汉字字形源于对自然形象的模仿与凝练，这种观物取象的"象思维"是非常独特的，意味着我们观物的姿态，从一开始就是基于"天人合一"视野，立足于万物一体，同呼吸、共命运的出发点展开的。

当我们内心的欲念十分繁杂时，会带来许多莫名的困扰。"享受自然"这个词，其实非常辽阔。它既可以是我们在家莳花弄草的一点生活闲趣，也可以是我们一次次的亲子旅行。

张继"月落乌啼霜满天，江枫渔火对愁眠"的静穆和淡远是美；杨万里"江风索我吟，山月唤我饮"的自在和洒脱是美。如此种种，与万物对话，倾身其间，聆听，发现，感悟，就是我们精神的返乡之旅。在这个过程中，我们会慢慢发现，原来天然、纯粹的东西本身就是美。这就是我们所说的自然天性。

最深邃悠长的美，来自人的天性，来自孩子们的天性。"智者乐水，仁者乐山"，我们对自然山水的观照，就是对自己的观照。

如果把这样一种谦逊于山水的态度放到教育里，变为一种对儿童的谦逊，放下我们以成人为本的期待和要求，在儿童纯然天真的生命状态里，与他们共享一场童年之乐，那是多么幸福的事情啊！

二、儿童天性之美

儿童独特的天性之美，缘于他们初入世界的一份"无知"，因为对这个千姿百态的世界充满各种各样的好奇，所以他们总想要去探索、去追问。我们大多数的成年人是以"知道"的方式来回答世界，但孩子们却用"惊奇"的方式去追问世界。往往在孩子们开启十万个为什么的时候，家长常常会觉得很"幼稚"，但又不知从何说起。我们所受过的教育，以及养成的习惯，让我们在对这个世界"有所知"的同时，也"有所失"，我们不能像孩子那样，对天地万物都充满着千奇百怪的好奇，作为成年人的我们，如何去回应孩子这颗惊奇之心，是我们能否与他们共享成长的关键。

第一，看见并理解。我们需要看见孩子的惊奇之心并表示理解。只有当我们不再把自己当作一个成年人，而把自己视为与孩子一般大的儿童的时候，我们才会拥有与他们平等对话的视角，才能与他们共情。

教育的最终回归在于人的回归。这个世界从来不是我们讲给孩子的样子，而是他们探索与交往的结果，是他们自己选择的结果。

同样，家长们陪伴孩子成长，而不是代替他们成长。当他们有追问、有惊奇的时候，我们应该试着放大这样的惊奇，陪他们在生活中、在书本里寻找答案。甚至，我们可以把孩子的追问写在一本小册子之中。

每个人都有不同的适合自己思考的状态，我们不要轻易去界定孩子的思考是否有用。

人生在世，都是为了寻找生命的意义。至于意义究竟是什么，我们可能永远都说不清楚，就像没有人能够具体回答到底"美是什么"，但所有人都能描述出自己心中"美的样子"。也许，我们只需要适当地停一停，弯下腰来听听孩子的声音，给予他更多思考的空间，帮助孩子在寻找这些意义的过程中去看见更多、体验更多。

其实，从来没有任何一个具体的知识能使我们的思想忽然变得崇高伟大，但往往就在那些看似"无用"的瞬间，譬如砸中牛顿的那颗苹果或者让阿基米德发现浮力定律的那桶水……对生活细节敏锐的感知力，成全了孩子的惊奇之心，所以，我们不妨也和孩子一起去成为生活的有心人，与他们对话。

第二，对话并成全。"对话"的教育姿态，使我们更容易通达儿童的天性之美，因为"对话"意味着一种和谐平等、共建共享的交往，它集自由与理解于一体。在中国美学传统中，我们素来讲求"中和之美""中庸之道"。不同样态的"中和之美"展现了万物共生共融的生命情态。唯其如此，才能美美与共。"对话"能帮助我们抵达的，正是父母和孩子之间的这份"中和之美"。美育的词典里一定不能缺少"始于倾听的对话"。

孩子的不同理解构成了大千世界的有趣之处。我们多倾听孩子的心声、多倾听这些生活细节中传递的殷殷寄语，才能真正和孩子们形成对话关系。这种对话是对孩子最大的成全。

当这种对话关系形成的时候，我们会发现许多惊喜。我一直比较提倡让孩子参与到家庭会议中，无论是家里需要添置大小物品，还是与孩子切身相关的许多选择，都应当纳入他的意见。因为家长的角色是陪伴成长、沟通成长，而不是去代替他、设计他的成长。孩子的交往是他们成长过程中必经的选择。他选择自己的玩伴、喜欢的书籍、喜欢的学习方式来建立自己的交往。在这个过程里，他会一次次体会到选择的责任，这个去粗取精的过程，谁也无法替代他完成。有时，我们未必真正倾听了孩子的声音，却草草地先以控制的姿态代替他们进行了一场看似不错的选择。

孩子的成长需要不同的养分，我们的孩子在每一次主动选择中成长，并承担选择的后果。只有这样，他们才能真正自我理解，并理解他人。

三、阅读之美

（一）随心随性而读

在阅读中，我们可以沉浸于"皎皎青山，自在圆成"这种境界。"阅读"一旦成为理想、任务、要求，失去了自主、自然、自由，没了选择、闲适、情趣，就没了阅读的随性。阅读本来的样子，包含着一份宁静致远的淡泊，"恬淡为味，胜而不美"。

（二）回想起我的童年时代

我的童年浸润在各式各样的阅读中：在自然中读四时变化的规律，在书本中读诗词歌赋的悲欢离愁，在字画里赞叹那些巧夺天工的造诣。读书成全了我的职业选择。于我而言，书房就是一个世界的缩影，历史的、人文的、艺术的，人类文明的所有温度，都可以在一间小小的书房里感受到。我们读过的书是永远不会旧的，因为所有的人文艺术之光都将内化成我们立身处世的态度和分寸，成为我们待人接物的一种"尺度"，引导我们更好地生活，更好地与自己相处，与他人相处，与世界相处。

我认为，阅读的趣味贵在有生活之趣。如果每天都保持对同一领域或同一兴趣点的碎片化阅读，经过长此以往的积累与整理，这种阅读也是有效的。阅读之"阅"，既是一种阅览动作，更是一种愉悦的心境。读书应该是一种享受，一种心灵的交流，一场与朋友之间的约会，慢慢读，慢慢谈。读书的过程就如同一次愉快的没有行囊的长途旅行，边走边看，边看边想，边想边乐，读者即行者，而我们所经的岁月终会成全我们各自不同的境界。

读书是一件很个人的事。读书就是一个打开自己，去寻找交流的契机。不同的读者会和不同的书结缘，不同的性情总会成全不同的精神需求。能读到什么，是否开卷有益，全是因人而异，全在于你的选择。不同的选择对应不同的价值取向，各成其趣就好。阅读之缘，就贵在这里。阅读，是与自己喜欢的人对话。阅读，是读很多自己喜欢的书，至少读一本经典书，可以是水到渠成的选择。

（三）以经典为向导

为什么至少选择一本经典来阅读？一是因为凡事应当好问一个"源"字，与其支离破碎地拼凑他人咀嚼经典之后的第二见解，不如迎难而上去细品原典中原汁原味的字句，自得其乐。二是因为经典是在岁月流过之后依旧璀璨的精神火种，如果说世界上真有什么东西可以抵达不朽，答案应该有人文艺术经典。在我们这个信息爆炸的多媒体时代，经典帮我们省下了一部分拣选的时间，同时，也最热烈地激起我们的共鸣。

读书至少读一本经典，这和艺术修习是一个道理。唯有览遍各家所长，才有自成一体的底气。当然，对艺术经典的钟情，不仅是基于提高技法的需求，更多因为，它是对每个时代、每个个体命运，以及他们生命中的爱与痛、真与幻的写照。在艺术经典中，我们所阅览和沉浸之所，乃是一个集天、地、神、人四维于一体的空间。

在艺术经典带来的极致美感中，我们常常会迎来一种独特的"高峰体验"。在这样的体验中，人更真实地成为他自己，更完全地实现了他的潜能，更接近于他存在的核心，更完全地具有人性。随着他接近他的存在与完美性，他也就更易感知世界的存在价值。

我相信，对人文艺术经典的阅读是我们生命修行的必经之路，只有潜心阅读了一代又一代人不同的喜悦与哀愁之后，我们才会更加细腻、更加专注地重新思考起自身与世界的关系、时代与个体的命运。

（四）共享亲子阅读

现在在我们的阅读伙伴中，加入了一个必不可少的角色——儿童。我向大家分享两个关键词：一个是全息阅读，另一个是学科阅读。

全息阅读意味着全员、全时空、全领域、全素养的阅读方式，这是孩子、家长、教师等任何人，在任何地点都可以进行的阅读，在阅读领域上，既包括学科阅读，又包括跨学科的，多学科融合式阅读。通过这种全人员、全时空、全领域的阅读，自然会使孩子的人文、科学、艺术等多方面的素养得到提高。

学科阅读，就是从各个学科的角度出发，抓住能够体现学科特点的信息去阅读、去挖掘学科知识，解决学科问题，进而提高学科学习的能力，如语文学科、数学学科、英语学科、科学学科的阅读等。

这两种阅读方式是相辅相成的点面关系。而良好的阅读榜样就像时间为真理赋予的密码，孩子通过一个个亲切的阅读伙伴，赋能为世界解码。美育何尝不是一种阅读影响力，读书人影响读书人。良好的阅读伙伴往往彼此点燃，彼此解码。

调查显示，在孩子的阅读伙伴中，父母占比33%，最好的朋友占比27%，同学占比38%。所以，孩子其实很享受和同伴交流对话共同的话语情境，并约伴同读。我们可以成全孩子的是：看见并理解，支持他的阅读，陪伴他的阅读，和他的阅读进行对话，在家里提供至少一处干净独立的阅读空间。等他上了小学之后，多倾听他的表达，不打断他的表达，每月至少一次听他大声读出他的习作，并毫不吝啬地给予赞美和支持。我相信，每个阶段的家长，都在期待一个热爱阅读的孩子。一个读万卷书的孩子，脚下就会有万里路。

四、行为之美

人唯有在创造世界的时候，才能理解世界，一个眼里有活儿的孩子，才会肩上有担当。我们不可忽视的是对孩子"志愿者精神"的培养。

志愿者精神植根于深切的同理心，也就是说，当我拥有的正好是他人急需的，我乐意给予。在这份给予中，我们才能感知到爱与被爱的辽阔，建立起与他人的亲密关系。我们需要让孩子拥有自己的选择权，对自身自愿的行为负责，才能眼睛里看到他人，为他人负责。"志愿、不为报酬、利他"，是国际上给志愿精神进行定义的三个关键词，就其具体表现而言，也就是志愿者凭借自己的双手、头脑、知识、爱心，开展各种志愿服务活动，无偿帮助那些处于困难、需要帮助的人。

美育，是带领学生去感受什么是美，什么是爱，教会学生如何去创造美、创造爱。所以美育思想指导下的行为也就是"创造美、传递爱"的行为，这与志愿者精神是相匹配的。

志愿服务活动就是其中有效的训练方式之一，它具备的互相帮助、助人亦自助的本质，就是教会学生"爱与被爱"，即愿意去"爱"、乐于去"爱"、敢于去"爱"。

培养孩子的"志愿者精神"，关键在于：用父母的"知与行"照亮孩子的"知与行"。第一，我们要多尝试在自己的工作状态中找到自我满足感，这种满足感可以没那么多，但一定要有。因为父母的职业认同会很大程度影响到孩子的自我认同。我认为最好的方式，是我们在自己的社会角色中找到自我认同、自我价值，由此影响孩子。第二，信任孩子的能量，让孩子一同参与家庭劳动，参与学校或社会的志愿活动。

在千千万万的选择里，倘使我们能以"安得广厦千万间，大庇天下寒士俱欢颜"的道德修行来丈量选择的尺度，我想，那时我们的"善"才会被内化为"真"：当我对他人的看见与理解，都基于我内心毫不犹豫的善，当我真真切切地以同理之心照亮他人困境，我们的志愿者精神才从"精神"落向了"行为"，指向了"美"。

总之，心之所往，向美而生。无论是自然之美、儿童天性之美、阅读之美、还是行为之美，都是我们与这个世界产生的深切联结，都源于这双发现美的眼睛。对美的态度可以是为美而美，也可以是把美深入生活中去，实现美的现实化，艺术的生活化。因为，唯有在美的生活语境中，我们才能成全一个"向美而生"的孩子。

相信孩子的能量，相信孩子的天趣，相信孩子的自我觉知力。同时，与他们站在一起，温柔地并肩，有力地支持。倘若能将我们的童年与孩子的童年互相照亮，也许会有不一样的收获。

美育使人有涵养；美育使人讲品位；美育使人能创造。人类的审美需要，不是一种谋生性需要，而是我们的生命力需要释放。当每个人都拥有发现美好的眼睛与心灵，拥有完善的人格、更富情趣的人生和更高的精神境界时，不仅是个人之福，而且是国家之幸。

祝愿每一个人都能以"民胞物与"的美学精神，看待日常生活中的万事万物，不拘泥于感性表象，却敞开怀抱，放眼于其中的无限真意，使胸襟辽阔、自在悠游。

■家长精彩评论

① 每个人对美有不同的认知，我觉得美育在家庭生活中的影响也很大。带孩子一起去感受大自然时，要多倾听孩子的感受，然后一起去发现、观察。

② 有天晚上我带孩子去楼顶玩，别的楼顶有射灯灯光往天上射过去，孩子看到以后说："我想顺着那道光，爬到月亮上去。"一个四岁小孩的想法真的是天马行空，很美、很珍贵。

③ 星辰大海，壮丽山河，都是美育的"素材"。山水之间的美，不能用"分数"去替代。愿孩子们长大后都能实现自我的价值，成为内心坦荡、生活惬意的人！

第二十二讲
苏轼母亲的教育之道

■主讲人

蒋蓝，中国作家协会会员，四川省作家协会副主席，当代诗人、作家。

■金句精华

1. 非己之物，一毫不取。

2. 你能做范滂，我就一定可以做范滂的母亲！

3. 宣扬程夫人这样的伟大女性，对我们现在的家风家教建设，意义深刻。

长久以来，历史的光芒全部聚集在三苏及其文学艺术方面，很少关注到他们背后的这名伟大女性——苏母程夫人。下面我简单给大家分享一下程夫人在教育子女方面的事迹。

一、三苏的家庭背景

苏母程夫人不是一般的农家女，她祖上赫赫有名。她的娘家是当时眉州（今四川省眉山市）最大、最有名气的程氏家族，比苏家更有名望、富裕。程夫人的爷爷程仁霸是大理寺少卿。这是眉州当时任职最高的官员。她的父亲程文英也是进士，做了高官。程氏家族绵延三代之后，到了程夫人这一代，已经从青神县程家嘴村老家，搬迁到眉州城，买房置地。程家乐施好善，热心公益。在思蒙河上，程家捐钱修建了一座瑞草桥；当地名刹中岩寺，程家长期供奉供给；中岩寺在程家嘴把寺院改造为学校时，程家慷慨捐赠了 200 亩优质水田，学校办学经费也由程家提供，让贫苦百姓的子弟可以读书。程家在当地的影响力很大。程夫人虽然是大家闺秀，但她从小就熟悉乡村生活和农业劳动。

程夫人出生于公元 1010 年，她在十六七岁的时候，嫁给了苏洵。苏家是北方人，苏洵的爸爸叫苏序，长得高大，种地的体力很好，喜欢喝酒，酒量大。他不是一个普通的农夫，虽然没有什么文化，但特别喜欢写打油诗，写了几千首。苏序目光长远，他曾经和邻居大量兑换耐储存的谷子，放在自己的粮仓里存起来。旁人不解，其后眉州大旱，百姓面临饥荒。苏序此时打开自家粮仓，把谷子分赠乡人以度过饥荒。历史记录是分赠，不是收租，更不是放高利贷。可见他是一个未雨绸缪、有公益心的人。

苏洵的大哥早死，二哥是苏涣，苏涣很早就中了进士。按宋朝的规定，儿子中了进士，朝廷会对他的父亲进行封官，苏序作为进士父亲，也享受了一个荣誉性的官职。

眉州民间供奉的土神毛将军，苏序觉得老百姓这么穷，还花大量的酒肉去供奉，不合理，于是他提着斧头冲进毛将军庙，把塑像砸了个稀巴烂。可见他是一个敢于破除封建迷信，很有性格的人。

程夫人嫁到苏家的时候，苏洵当时什么都没有，既没有钱，也没有体现出才华。

按照墓志铭的记载，当时程家富裕，苏家比较贫穷，程夫人嫁进苏家后，长期没肉没有油荤，饭菜连佣人都吃不下去，佣人就暗示程夫人，回程家要点钱改善一下生活。程夫人的考量是，回娘家要钱不难，开口就能要到钱，但会伤害丈夫的脸面和自尊，担心娘家人小看苏洵，因而始终不愿。

后来，程夫人决定变卖自己全部陪嫁，筹了一笔钱创业，为养家经营起丝绸买卖。在眉州，程夫人租了一个小店铺，前店后家。苏轼就出生在这个租赁的房屋里，由于经营有道，经过几年的经商，程夫人把这个房子买了下来，并重新扩建、扩修。

二、苏家母亲的教子之道

在这期间，发生了几件事，让苏轼、苏辙一生都铭记不忘。有天，因为买回的丝绸有皱纹，影响销售，程夫人就雇佣了两个工人来熨烫。工人在操作过程中，站立的地方突然地板下陷，露出个深坑，坑里有个大缸，缸里很可能藏有金银财宝。闻讯而来的程夫人认为不是自己的东西就不能去看，更不能去盗宝，便吩咐人马上把洞掩埋。

后来，苏轼带着夫人王氏到陕西任职，一个大雪的早晨，苏轼站在窗边，观赏白雪茫茫，因为南方很少见到那么大的雪，他很兴奋。他突然间发现，有个地方没有积雪，为什么唯独这个地方不积雪？苏轼于是告诉王夫人：这个地方不积雪，一定是地下埋有金银之类的东西。正当苏轼兴致勃勃准备去挖开一探究竟时，王夫人站在旁边提醒：如果母亲程夫人还在的话，一定不会同意你去挖掘别人的东西。

苏轼闻言，大感惭愧：我怎能忘记了母亲从小的教育！苏轼立即放下念头，他在文章里提醒自己：非己之物，一毫不取。程夫人从小对他的教育，影响了他一生的行为。

母亲程夫人从小生活在寺庙附近，佛教理念深入内心，对动植物有天性的热爱，不杀生。岷江流域当时有一种很特殊的鸟——桐花凤，五彩斑斓，现在生物学上称之为蓝喉太阳鸟。这一年，桐花凤在苏家院子里做窝安家。在宋代，这种鸟飞进自己的家是好事临门的大吉兆。程夫人于是严厉告诫家人：任何人不得去杀鸟伤鸟，不允许伤害它们。

母亲坚定的态度给苏家兄弟留下了深刻印象。苏辙后来记录，他曾经做了一个梦，梦到自己回到小时候，去伤害了鸟儿，结果害怕母亲的严厉教训从梦中惊醒。可见，母亲的教育对两兄弟的影响之深。

苏家在苏母精心经营下，家境变得很殷实，但苏母仍然规定，肉不能每天吃，要求苏轼两兄弟平时吃"三白饭"，即白米饭、白萝卜、白盐，盐蘸萝卜下饭。吃饱就可以了。苏母用"三白饭"，对苏家两兄弟进行生活艰苦的磨砺锻炼。这种生活意志的磨炼使得苏轼一生经历那么多困难坎坷，都能坚持下来。

程夫人还让儿子参与劳作。苏轼在诗里写得很清楚，他儿时对放牛并不陌生，对种树也很熟悉，他说在短松冈自己种了上万棵松树，并非完全是夸张。从小受到母亲这样的观念引导，让苏轼有很好的自理能力。

苏轼从小志向远大，在七八岁时，第一次听到老师崇敬地谈起司马光、韩愈这些历史上的大文人时，他就表示，他也可以成为其中之一。八九岁时，苏家门外来了一个带着刀的江湖侠客，他看苏轼长得骨骼清奇，很喜欢，就拔下自己的佩刀送给苏轼。这让苏轼很得意。

苏轼的名字来源也饶有深意。他原名叫苏仲和，苏洵觉得苏轼从小就性格外露，需要平衡，需要收敛，于是改名苏轼，其含有希望更长远、更细水长流的寓意。而苏辙的名字则来源于对车辆的思考，他认为，车行万里，人们不会记住车辙，不会记住它留下的痕迹。可见，苏家给孩子取名，饱含了对两兄弟性格的思考和寄望。

程夫人在家里忙于经商之余，也经常教子读书学习，曾经带苏轼读到汉书范滂传。范滂是汉代刚直正义的官员，他因此得罪了很多人，于是被奸臣陷害，诬告他徇私枉法。当时范滂正在自己老家，当地县令收到了逮捕文书后，绝不相信他会贪赃枉法，哭着来通知他，并表示愿意陪着他逃跑，连县官都可以不当了。但范滂坚决不愿连累县令，坐等抓捕。范滂唯一放不下的，是年事已高的母亲，母亲哭着安慰他，她相信自己儿子没有做违法的事，即便是被饿死，也不是儿子的责任，不算儿子没有尽孝。于是范母选择自杀，断绝儿子无法尽孝的愧疚。程夫人给儿子读到这里时，热泪盈眶，读不下去了，八九岁的苏轼大受感动，立即表示，长大后也一定要做范滂那样的人。程夫人坚定地鼓励他：你能做范滂，我就一定可以做范滂的母亲！

这样的母子对话体现了苏母对孩子的价值引导。苏轼一生，官越当越小，离自己的家越走越远，却始终能顽强坚守人格正义，像竹子一样挺直有节。从苏轼身上，我们看到了中国的文人精神与竹子的惊人联系。中国人历来对竹子赋予最高情怀，可以说，中国的竹文化有三大发展阶段，代表人物从竹林七贤到苏轼，再到郑板桥。而苏轼是中国竹文化的最杰出代表，他的精神脊梁就是一根竹子。

我特别要强调程夫人对苏轼两兄弟情义的教育。历史上，很少有两兄弟表现出如此的团结亲密。每一次苏轼遭到贬谪，弟弟都会用尽自己的全部力量，甚至负债累累，来支持哥哥苏轼，苏轼被万里贬谪到了雷州半岛，苏辙甚至向朝廷提出：愿意用自己的官职，为哥哥赎罪。苏轼晚年从海南返回大陆时，苏辙甚至卖掉了京城的房子，又借了一笔巨债，凑了三四百两银子给苏轼，让哥哥在杭州一带买房安顿下来。

从这样的兄弟情谊中，我们能看到母亲在他们身上塑造的那种家教、家风、人格。一如竹子，有挺直的一面，也有柔韧的另一面。这是非常值得我们现代人学习的，现在一些家庭里，兄弟之间为了争一点可怜的遗产，闹得天翻地覆、拔刀相见，这时就应该多想想苏家兄弟的情义。

程夫人可谓勉夫有道，教子有方，持家以富，一生辉煌伟大。她一生最大的遗憾是不幸病逝时，没有来得及等到苏家兄弟高中进士的好消息。

程夫人病逝于48岁，以她这样的年龄病逝，就是因为太操劳、太辛苦。苏洵带着两兄弟从京城千里奔丧赶回眉州。路上过了一年多，回家就屋倒墙歪，满地蒿草。足以看到程夫人已经把家里全部值钱的东西，都花给了他们父子三人。

古代中国的历史中，除了孟母、岳母这两个伟大的母亲，应该还有一个伟大的母亲，就是苏母，因为她培养了三位顶天立地的文化英雄，她无愧于"中华三母"的称号。宣扬程夫人这样的伟大女性，对我们现在的家风家教建设，意义深刻。

■家长精彩评论

① 好的家风，就是一所好的学校！家风，虽然是无形的、潜在的，但它能让家人受到耳濡目染、潜移默化的教育。

② 古话说："道德传家，十代以上，耕读传家次之，诗书传家又次之，富贵传家，不过三代。"家风传承看不见、摸不到，却渗到家族每一个后代的骨血中，成为家族成员之间的精神纽带，甚至成为他们的性格乃至命运的一部分。

③ 好的家风犹如春雨，滋养着家人，好的家风犹如养分，灌溉着心田，一代又一代地传承，一代又一代地发扬，愿每天自己的成长，助力孩子的进步。

第二十三讲

家庭素质教育如何做

■ **主讲人**

孙学礼，四川大学华西医院教授、主任医生、博士生导师，西部精神医学协会会长。

■ **金句精华**

1. 挫折教育不是故意给孩子制造挫折，只需要把真实世界本来就有的挫折给他，让他知道他并不是自以为的世界中心。

2. 教育的最终目标，是让他理解这个群体，而不是让群体理解他。

3. 把自己放得很小，才能产生对生命的敬畏、对自然的敬畏、对使命的敬畏。

■**演讲内容**

一、素质的概念

素质，是人在心理和生理上的特征，包括先天的和后天的。具有运动素质、文艺素质等，是先天的特征。先天的特征我们控制不了，我们能控制的是后天培养的特征。素质教育关注的是后天的特征。

上梁不正下梁歪，家长的素质代表了未成年人的素质。家长的影响体现在两个方面：一是言传，二是身教。大人不经意的行为影响下一代。上一代人有素质，才能谈得上下一代人有素质。

成就一个人，需要三代人。也就是说，素质是代际传承的。我们的素质教育可能存在以下三个问题。

第一个问题是心理成长教育存在问题。心理成长有三段过程：第一，孩子出生后，只是和母体的物理分离，和前代并没有彻底分离，它还有联系。第二，形成自恋。首先对自己的身体好奇，同时也欣赏自己的身体。其次，希望欣赏自己的才能，也就是说，自认为是有能力的，需要展示自己的才能。小朋友举手发言，实际上就是希望别人看到自己的才能。老师如果总是忽略举手的孩子，他的自恋形成就会有问题。不上幼儿园跟着上一代长大的孩子，可能因此形成缺陷。第三，希望体现自己的存在对别人有价值。这体现在孩子希望得到家长的肯定，希望自己的存在对家长有价值，家长不认可他、忽略他，他就要通过调皮捣蛋等手段，来引起你的关注。如果家长不关注，他实际上会感到难受的，就会产生各种极端行为，目的就是让家长永远记住他的存在，宣示他的存在是有价值的。

自恋形成以后，下一步为自我中心。自我中心有两种含义：第一，总是希望成为群体的中心，希望左右群体；第二，总是希望成为群体关注的中心，而这两者实际上对他适应社会是无益的，但这个阶段必然形成、必须经历，这个阶段的正面作用就是让他形成了独立意识。

这个阶段形成以后，下一个阶段是要消除自我中心，因为自我中心是不能适应社会的。初中、高中的素质教育目的就在此，需要建立团队意识。素质教育作为平台，使孩子建立群体归属意识。完成这一步，一个人就以独立的个体融入群体当中，实现了他与母体的心理分离。此时，成长教育中的问题就产生了。

我见过一个大一的学生，满手伤痕，原因是他不知道如何与同伴分享情绪，还怕花钱，不舍得摔东西来发泄，于是就割自己，高兴时割自己一刀，不高兴时也割一刀。这就是未成年人自恋没有形成，自我和环境之间没有界限，才会形成自残、自伤。而成人一般通过正常途径来发泄情绪，不会动不动就割自己。

第二个问题是自我中心形成障碍。孩子没有独立意识，完全依赖他人，家长如果不促进他的自我中心形成，而是不断照顾他，他就永远有依赖感。事事都替代的话，他的依赖性就会持续到成年。

第三个问题是人际沟通障碍。自我中心是必须跨越的阶段，如果消除不了自我中心，人际关系就会紧张，沟通就有障碍，就会难以与别人建立亲密关系。自我中心的消除，就是要给予挫折教育，但不是故意给孩子制造挫折，只需要把真实世界中本来就有的挫折给他，让他知道他并不是自以为的世界中心。

生理年龄成年了，心理年龄未成年，情绪就自然会波动。家长自己也未必就心理成年了，下一代就更不会成年。成年人的成长，永远在路上，需要我们随时去反思。

二、人性教育

人性是人的基本心理，其属性有两种：一种是神性，另一种是兽性。兽性是它原始的部分，是本人的部分；神性是后天的，是教育的部分。人既要有神性又要有兽性，光有兽性没有神性，那人就是动物；光有神性没有兽性，那是神，他也不是人。这两方面必须达到一种平衡，如果达不到平衡，它就会产生冲突。因此，人性教育也是情绪管理。

兽性教育从小就要开始。家长要求小孩不准打闹，更别说打架了，原因是家长怕出事，这是对兽性的压抑。但教育有自己的规律，教育考验教育者的水平，既要让孩子打闹，又不能出事。如果不让打闹，孩子都规规矩矩，特别对男孩是灾难性的教育，最后孩子会没有攻击性，野蛮人的攻击是打人，现代人的攻击性是竞争，如果缺乏了，那就成长不了。兽性不培养，神性也没法培养。到了青春期，受性压抑影响，打家长、打外人，兽性就发泄出来了，因此，兽性教育在人性教育当中很关键。

若底线教育缺失，则神性教育难发展。行为的基本界限称为底线。如果有底线，人的情绪就是稳定的；如果没底线，情绪就是不稳定的。因为没底线，就会有无限需求，人就始终不满意，所以底线教育很关键。

开车不追尾、球场守规则等，就是底线，如果没有，那是上一代家长没教养，甚至还可以追溯到家长的上一代，所以我们说，成就一个人需要三代。儿童之间有冲突，他们自己解决就可以了，不能发展成大人冲动打小孩，这就是底线。这条底线从他的上一代带来，还可能会教育给他的下一代。

底线要尊重两个规则：一个是自然规则，另一个是社会规则。两个规则的底线同样重要。比如从小不随便残害小动物，见到异类动物就去打只能说明人没有自信，攻击说明害怕。社会规则底线相对更多。说攻击人的话就是没教养，如果成人如此，儿童就会觉得那是自然的，他不觉得是违规。又如在公共场合，手机应该静音，以免打扰别人，有人就觉得这是小题大做，这实际上是底线不同。底线不同，遵守的规则就不同。社会规则必须遵守，不遵守就会失去行为底线。

有底线，才有情绪稳定。"5·12"汶川地震发生时，四川大学华西医院有几十台手术在进行，但没有一名医生惊慌。因为这是底线，医生知道不能走，既然不能走，那惊慌什么？如果没有底线，情况就不同了。

规则也是讲究背景的，农耕文化有农耕文化的规则，现代文化有现代文化的规则，两个规则是不一样的。

我要特别提醒：

孩子该做什么就要做什么。《论语》有云：吾十有五而志于学，三十而立，四十而不惑，五十而知天命，六十而耳顺，七十而从心所欲，不逾矩。在 15 岁，读书学习就是人的底线，有的人休学，原因却很荒唐：太难受了。如果不经历这种过程，孩子哪有成长教育。做教育的，不能动不动就担心孩子可能有病，可能出事，应传递的信息是，学习就是你的底线，你再难受，也要学习也要坚持，除非出现很极端的情况。《论语》讲的成长过程就是这样。

从心所欲不逾矩，就是想干什么就干什么，不想干什么就不干什么，前提是规矩，在守规矩的前提下，很少人做得到"从心所欲"，特别是不想干什么就不干什么。我可以挣100万元，但不符合我的需求，我就不干，这就是"从心所欲"，它不是消极的，需要有很宽广的胸怀。

底线教育有三个误区。第一是理解。理解万岁这话，我不认同。我凭什么理解你？教育的最终目标，是让他理解这个群体，而不是让群体理解他。如果什么都理解他，他就是自我中心，都围绕他为中心，现实中是不可能的。第二是接纳。要教育先要接纳，需要教育孩子如何接纳别人，他也要学会如何被别人接纳。第三是愉快教育。只有体会不愉快，你才能真正地体会愉快，如果一开始就愉快，实际上他可能永远不会愉快。俗话说：成人不自在，自在不成人。意思就是，人要自我约束才能够真正愉快。首先，只追求愉快最终会毁掉一个人。其次，愉快教育是把不愉快变成愉快，这才是核心。比如同样是劳累，为什么有人高兴，有人不高兴，旅游累却一点都不感到痛苦，加班累就让人不高兴。原因在于有的人想干，有目标，同样的体力劳动就能感到愉快。因此我们需要改善认知，如果认知改善了，累也会觉得愉快。把不愉快变成愉快，就是愉快教育。如果以为愉快教育是让他越轻松越好，那就是误区。

三、信仰教育

信仰是一个人做人的准则，是基本原则和底线。这些基本原则一些家长没传递下去，他们给小孩传递的，大多是要守规矩，不然要受惩罚。这不是信仰教育，只是自我保护的一种基本法则，这是现实教育。这种现实教育，带来的是人会非常世故，没有真实的自我。信仰是一个人做人的准则，没有奉献就没有信仰。平常我们也有信仰，达则兼济天下，穷则独善其身。

这些信仰是做人的信条，做人有了信仰，就有了生活目标，才能够保持心情平静，人生路上才永远知道往哪走。现在一些人不知道往哪走，就是因为没有目标，如果从小没有给他树立目标，那他就会很迷茫。

有目标不是教会的，它的树立是潜移默化的，只有家长有目标，孩子才有目标。

穷则独善其身是什么意思？人不能因为缺少什么，就要索取什么，这是道德观念。穷不能连尊严都不要了，在这一意义上讲，没有弱势群体这种说法，大家做人的道德都是一样的。达则兼济天下，意思是人不要太得意，有钱有势，也得顾及他人、尊重他人。

甘地认为有两件事可以毁掉我们：没有品格而博学，没有道德去经商。这就是信仰教育。这种信仰教育，实际上既可以保护人走得长久，也可以保护人在生活的路上、成长的路上，走得开心、走得安心。

如果没有信仰，人就没法解释：我是谁，从哪里来，到哪里去。我是谁？这是自我概念。我们可能一生都在考虑这个问题。你或许会纳闷：我知道我是谁啊。但实际上你不知道，因为你理解的你是谁，是社会赋予你的身份，不是你自己本身。自己是谁，有些时候真的回答不了。在这种过程中，家长和孩子是共同成长的，如果大家都不考虑这个问题，就是为找个好工作，挣钱到退休，那么这是活着，不是生活。从哪里来，是属于自己的历史，也是属于一个族群的历史。到哪里去，是生活目标，如果没有信仰，就解决不了这个问题，人活着就感到很茫然、很空虚。

从哪里来到哪里去，是价值取向。人生只是排着队从一端走向另一端，是没有意义的。一个人从3岁开始接受培训，6岁踏上漫漫求学路，一辈子很快就没有了，如果学习是为了吃饭，吃饭是为了工作，那就一点意思都没有。为什么很多人活得津津有味，那是因为他们能够赋予行为的意义，这才是关键。我们的认知力如何能赋予它意义，取决于我们的成长。

吃饭，可能只能愉快两个小时，旅游，可能只能愉快几天。要做到永远愉快，追求什么就很重要，价值取向就很重要。我要什么，这是在探索价值取向。弄清楚我需要什么，这就是在探索我是谁，每个人都不一样，弄清楚我是谁，到哪里去就很清楚了，价值取向就稳定了。

孔子就是价值取向稳定的例子。孔子13年周游列国，受尽苦难，忍饥挨饿被冷遇，但是他知道该干什么，该到哪里去。其实对他来讲，困苦也是一种快乐。

如果一件事做了三代人，那就知道自己往哪里去。知晓到哪里去，很重要。如果上一代往下一代传承，自然会潜移默化。

四、情绪管理中的动与静

（一）情绪管理中的动

有情绪问题怎么办，运动就是现实解决方法。当然，体动关联情绪平和，还必须心动。单纯的体动，比如每天攀比走了多少步，就没有心动。只有心动，才能够真正做好这些事。动有三个原则——主体利益、集体活动、爱好。爱好一定要出于喜欢，将其作为生活的一部分，不能持完成任务的心态。

运动在情绪管理中起到的作用，不只是对未成年人有用，对家长本身也是一样，家长有情绪也可以这样做。

运动中，强度要到心率150才能达到发泄情绪的程度，又有锻炼的价值，但是不能超过150，超过150为有害运动；集体活动，对抗性活动，对情绪效果更好；好的运动，包括力量、柔韧性、心肺功能训练。总之，在情绪管理中，运动很重要。

（二）情绪管理中的静

人积势、积蓄能量，需要静下来。现代人有太多诱惑，常处于浮躁中，难以静下来。人上学在消耗能量，上班在消耗能量，回家后可能被手机绑架，离不开手机，还得继续消耗能量，这样人就没有积势，就会感到很疲乏，无法静下来。

静下来需要训练，静的训练比动的训练更难一些，但人不训练，就会继续疲惫下去。那么，我们该如何静下来？第一是冥想，冥想实际上是现代心理学技术，正面联想就是冥想。冥想有难度，但学会了很有用。我曾经听过两父子的议论，儿子说，看一朵菊花，我可以安静两小时，父亲说，还不够，我什么都不看，就能安静下来。我试过冥想，有些时候我做得到。在飞机上，我可以盯着窗外发呆一两小时，但很多人做不到，沉陷于玩电脑或看电影。

如果大家积极训练，应该也能够做到，如果能训练孩子做到，那就比讲大道理好多了。如果做不到冥想，可以玩安静的活动，如钓鱼。一家人都可以参加，当然我是指安静的活动，不能把安静的活动变成动的活动。钓鱼，本来要的是孤舟蓑笠翁的意境，纠结于钓了多少鱼就是浮躁，钓鱼就没意思了。

五、谈自我评价和定位

我举个例子，我有一个美国朋友，很想有所成就进名人录，于是就拼命做实验，拼命写文章，出了成果上了名人录后，他却住进了重症病房，很快就死了，才40岁。大家都议论他太可惜了，太不值了。我不这么认为，什么是不值？朋友愿意用几十年的寿命买这份单，他买到了，就是值了。一个人如果做到这一点，就不会有多大冲突。因此，自我评价和定位教育也很关键，要把自己定位好。人家做得到你也要做得到，这话是幼稚的，是没有对自己恰当地定位和评价的体现。家长对子女的评价也应是智慧的，孩子能走到哪一步，家长给他指的方向很重要。

人是渺小的，把自己放在无限小的位置，就不会受伤害，如果把自己无限放大，他就会随时受到伤害。把自己放得很小，才能产生对生命的敬畏、对自然的敬畏、对使命的敬畏。我该得到什么？我幸运地得到了什么？说法是不一样的。

六、文化教育

儒家思想有仁义礼智信。我们就以义来举例：培养你多年的上司有贪腐行为，你该怎么办？揭发？劝他不要干？或者装作看不见？现在把这道题目换了，换成培养你多年的上司要去炸地铁，你该怎么办？你肯定去揭发，这叫大义灭亲。两种情况下，你应该怎么选？只有受文化熏陶的人，才能够正确判断人际关系。如果人没有文化归属感，就会总是做错事。

文化教育还有很多内容，比如：道家学大气，佛教学静气，儒家学正气，法家学霸气，墨家学侠气，兵家学灵气。把这些学好，就是在做素质教育。

素质教育做好了，人的素质有了，情绪自然就好了。情绪是结果，素质是根本，很多问题产生在我们的认知误区当中。

■家长精彩评论

① 教育其实没有模板，适合自己家庭的才是最好的。

② 如何改掉以自我为中心，如何静下心来，如何进行文化教育等，不都是成年人一直面临的问题吗？受益匪浅。

③ 孙老师对底线教育几个误区的诠释让人颇有感触："理解"应该侧重于个人对群体的理解；"接纳"，则应该侧重于群体对个人的接纳。用大白话来说，那就是要懂对方、明白对方，并能平和地接受或接纳。个人认为对孩子来说这是很重要的素质培养。

附录

武侯区家长学校推广曲

2023 年 5 月，武侯区家长学校原创音乐故事片《为爱共成长》正式发布。"把爱装进孩子的行囊，一路陪伴是最温暖的光。"正如歌词中唱到的一样，多一点理解，多一些陪伴，请您与孩子一起成长。赶紧和孩子一起学唱，让爱的旋律在家庭中流淌！

为爱共成长

作曲：李召洋
作词：赵谦 武侯家长学堂专班
编曲：欣睿
阿卡贝拉编曲：建勋

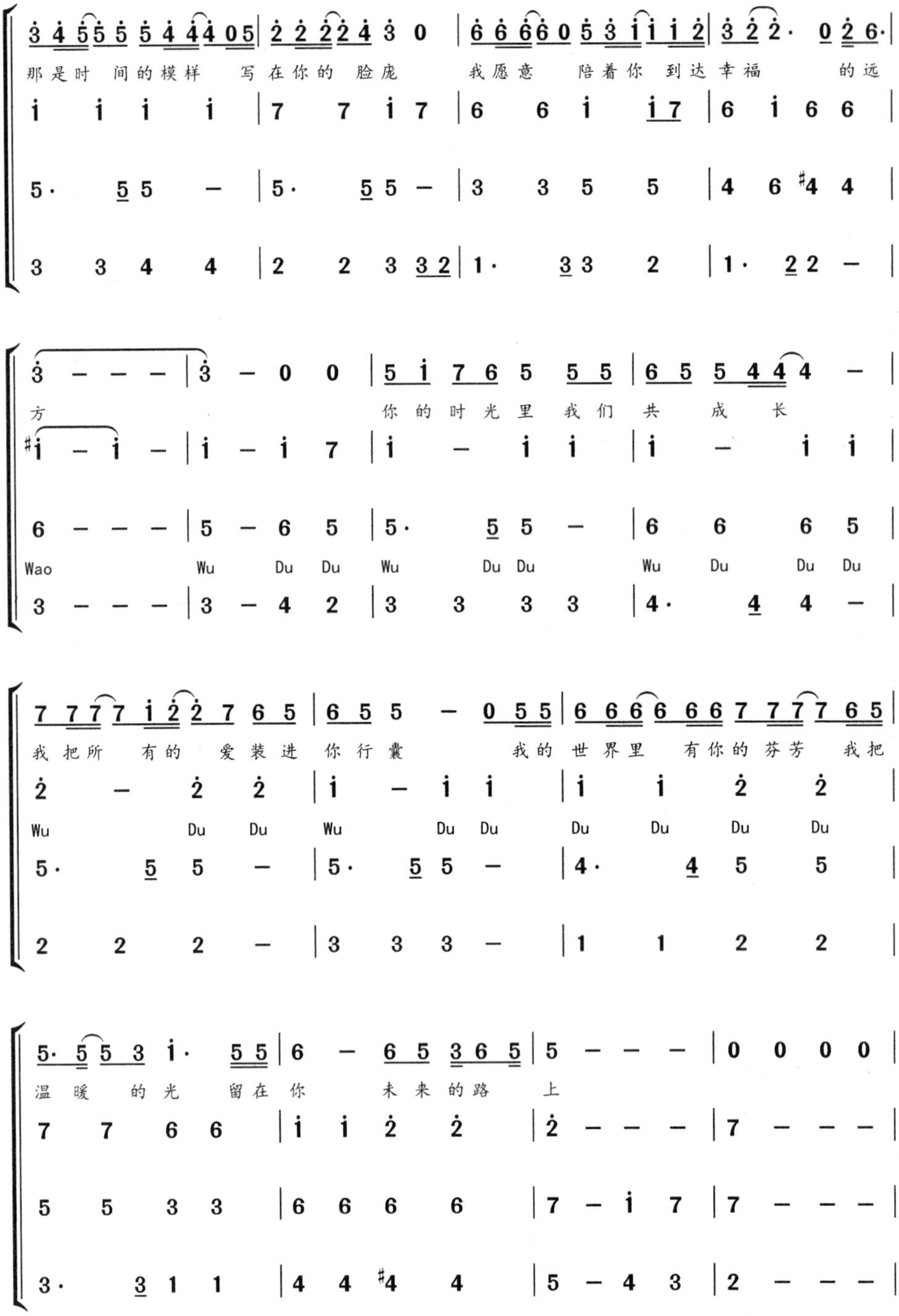
那是时间的模样 写在你的脸庞 我愿意 陪着你 到达幸福 的远
方
Wao
你的时光里 我们共成长
Wu Du Du Wu Du Du Wu Du Du Du
我把所有的爱装进你行囊 我的世界里 有你的芬芳 我把
Wu Du Du Wu Du Du Du Du Du Du
温暖的光 留在你 未来的路上

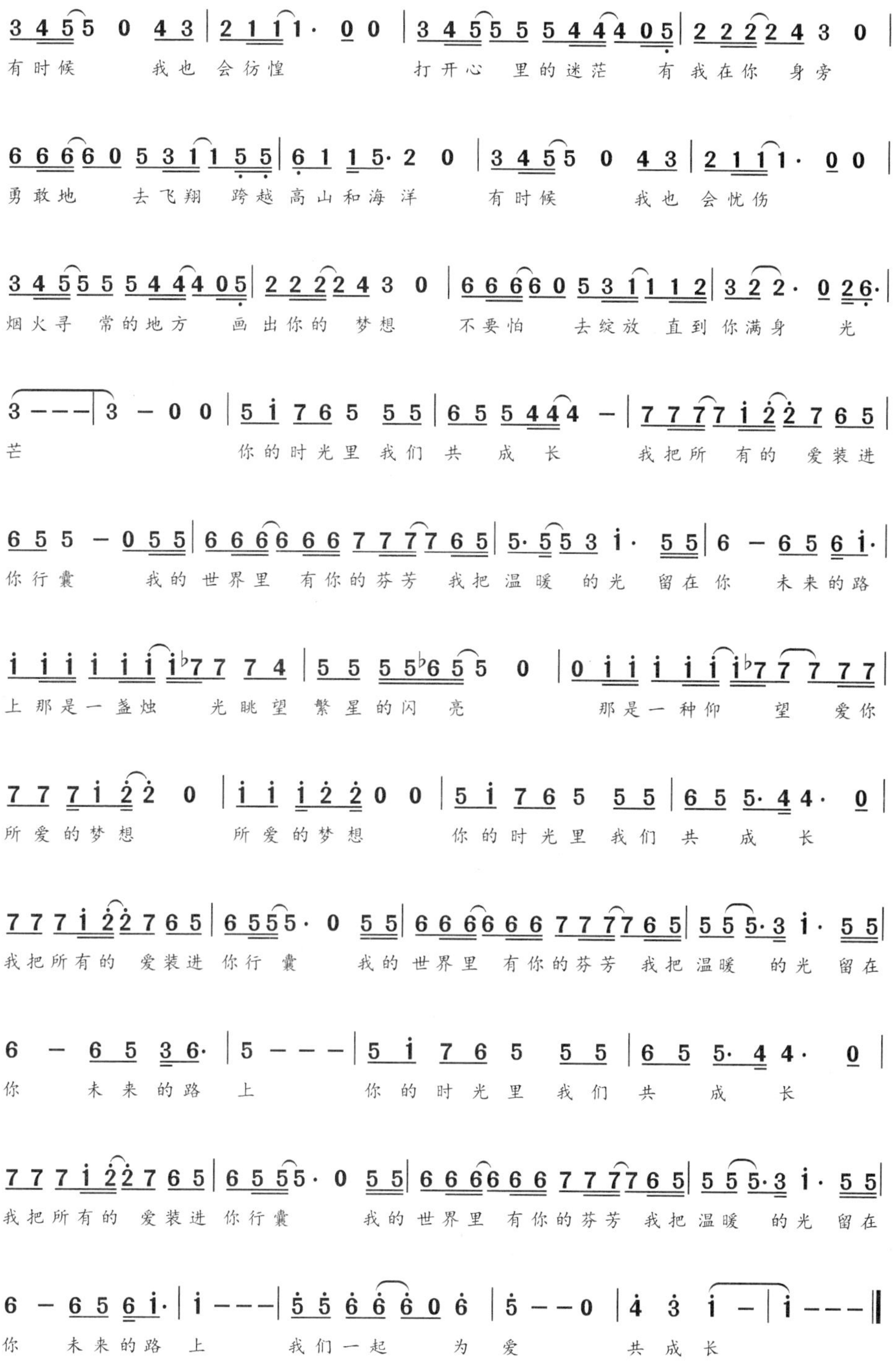
有时候 我也会彷徨 打开心里的迷茫 有我在你身旁
勇敢地 去飞翔 跨越高山和海洋 有时候 我也会忧伤
烟火寻常的地方 画出你的梦想 不要怕 去绽放 直到你满身光
芒 你的时光里我们共成长 我把所有的爱装进
你行囊 我的世界里 有你的芬芳 我把温暖的光 留在你 未来的路
上那是一盏烛光眺望繁星的闪亮 那是一种仰望爱你
所爱的梦想 所爱的梦想 你的时光里我们共成长
我把所有的爱装进你行囊 我的世界里 有你的芬芳 我把温暖 的光 留在
你 未来的路上 你的时光里我们共成长
我把所有的爱装进你行囊 我的世界里 有你的芬芳 我把温暖 的光 留在
你 未来的路上 我们一起 为爱 共成长